17067967R00090

Printed in Poland
by Amazon Fulfillment
Poland Sp. z o.o., Wrocław

بسم الله الرحمن الرحيم

اللهم صل على محمد وآل محمد

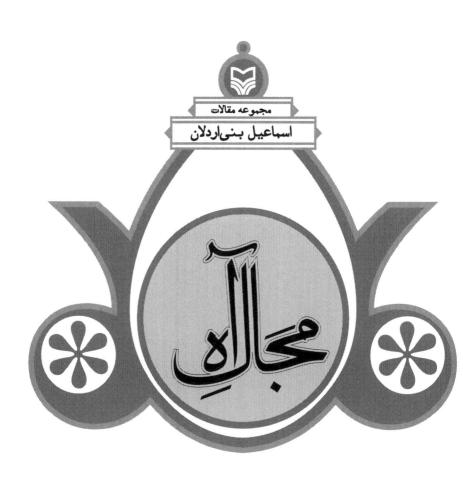

مجموعه مقالات

اسماعیل بنی‌اردلان

مجال

انتشارات سوره مهر (وابسته به حوزه هنری)

پژوهشکده فرهنگ و هنر اسلامی

مجال آه

نویسنده: اسماعیل بنی‌اردلان

طرح جلد: رسول کمالی

اچ‌انداس‌مدیا: تحت امتیاز انتشارات سوره مهر
چاپ بر اساس تقاضا: ۱۳۹۴
شابک: ۱-۹۶۱-۱۷۵-۶۰۰-۹۷۸

سرشناسه: بنی‌اردلان، اسماعیل، ۱۳۳۶ -
عنوان و نام پدیدآور: مجال آه: مجموعه مقالات / اسماعیل بنی‌اردلان.
مشخصات نشر: تهران: شرکت انتشارات سوره مهر، ۱۳۹۱.
مشخصات ظاهری: ۱۴۴ ص.
ISBN: 978-600-175-961-1
وضعیت فهرست‌نویسی: فیپا
موضوع: فرهنگ ایرانی -- مقاله‌ها و خطابه‌ها
موضوع: داستان‌های ایرانی -- مقاله‌ها و خطابه‌ها
شناسه افزوده: شرکت انتشارات سوره مهر
رده‌بندی کنگره: ۱۳۹۱ ۳م۸۴ب/ ۶۳ DSR
رده‌بندی دیویی: ۹۵۵/۰۰۴۴
شماره کتابشناسی ملی: ۳۰۶۲۵۱۴

نشانی: تهران، خیابان حافظ، خیابان رشت، پلاک ۲۳
صندوق پستی: ۱۱۴۴ _ ۱۵۸۱۵ تلفن: ۶۱۹۴۲
سامانه پیامک: ۳۰۰۰۵۳۱۹
تلفن مرکز پخش: (پنج خط) ۶۶۴۶۰۹۹۳ فکس: ۶۶۴۶۹۹۵۱
www.sooremehr.ir

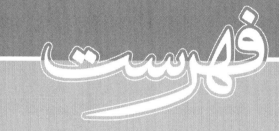

فهرست

مقدمه

این چه استغناست یاربّ، وین چه قادرحاکم است
کاین همه زخم نهان هست و مجال آه نیست

با این بیت از غزل خواجهٔ شیراز، که در سرلوحهٔ مقدمه گذاشته‌ام و **مجال** آه را شاهدی برای عنوان این مجموعه قرار داده‌ام، قصد ندارم این تصوّر را ایجاد کنم که خودم را در جزو آن بی‌نیازانِ مستغنی می‌شمارم و دم از موجبات حکیمانه می‌زنم. حاشا و هرگز! حتی قصد ندارم که آن را طرحی از شِکوه و شکایت، خواه آشکار خواه در پرده، تلقی کنید. بیش از هر چیزی، بر آنم که بیت خواجه را وسیله‌ای برای توضیح و توجیه کم‌کاری‌های خودم و تنگی فرصت و کوتاهی مجال در پرداختن به امور مهم‌تر قرار دهم. هرچند، هنگامی که به قول قدمای قلم، همچو من «تن‌سپاره» باشی، یعنی خود را متوکل بدانی، چار و ناچار گردش امور را در جهت خیر تلقّی می‌کنی. با چنین طرز تلقّی از زندگی از که شکایت کنیم؟ اما واقع آن است که تنگی فرصت و کوتاهی مجال برای آدم‌هایی امثال من حکایت دیگری دارد.

از نوجوانی چیزی در من می‌جوشید. طبعی عاشق‌پیشه داشتم. همین سرشت بود که مرا راه می‌بُرد، بی‌آنکه خودم بدانم. زمان زیادی نگذشت که فهمیدم عشق نه‌تنها گره از کار من نگشوده، بلکه گره‌ها را گوریده و مسائل را پیچیده کرده. به فلسفه کشیده شدم. با استادان فلسفه دمخور گشتم و عشق، همچنان، سایه در سایهٔ من می‌آمد. آمیختگی این دو عنصرِ به‌ظاهر ناهمگون، یعنی فلسفه و عشق، مرا به دامن هنر افکند. انقلابْ این آمیختگی را شوراند؛ چنان‌که رسم هر انقلاب است. بنیاد فارابی مرا درگیر سینما کرد. سینماسوز شدم. سر از دانشکدهٔ سینما و تئاتر درآوردم؛ مدیر گروه آنجا شدم؛ عهده‌دار ریاست دانشکدهٔ سینما و تئاتر دانشگاه هنر گشتم. مسئولیت‌ها مجال نمی‌داد که خالصاً مخلصاً به عشق برسم؛ عشقی که از ازدواج دو عنصر ناهمگون برآمده بود و اکنون برای خود مستقل بود و طلب آزادی و هویت می‌کرد. خیال می‌کردم در خدمت آن عشق هستم و در رکاب او می‌تازم. خوش بودم که عمر و فرصت حیات در جهت ارادت به این عشق صرف می‌کنم. مجال و مجاهدتم را در راه اعتلای این عشق می‌گذاشتم. در خدمت به همین عشق بود که خودم را درگیر مشاورت در بسیاری از شوراهای تصمیم‌گیری هنری کردم. مدیریت در آفرینش‌های هنری نیاوران مرا مستقیماً درگیر با مسائل هنری کشورم کرد. در کنار این تجربه‌ها، تدریس آموزه‌های هنر و سروکار داشتن با دانشجویان جوان و مشتاق به من کمک کرد تا تجربه‌های عملی را با بحث‌های نظری در ساحت آموزش محک بزنم. در کلاس‌های آموزش فلسفهٔ هنر بود که دریافتم گرهِ کار من با مباحث غربی باز نخواهد شد. نیازِ بازگشت به سرچشمه‌ها و شناخت هویت خویشتن مرا بار دیگر، و این بار مشتاق و خواهشگر، بر درِ حکمت آورد. گدای درِ این میخانه شدن را بر

سروری غریبانه و غربیانه ترجیح دادم. پس حلقهٔ این در را گرفتم و رهاش نکردم؛ تا به امروز.

این اعتراف صادقانه، همه، به آن قصد صورت گرفت که عذری برای آن کوتاهی مجال آورده باشم. اغلب پیش می‌آمد که اینجا و آنجا مرا می‌خواندند تا برای طالبان حقیقت از حکمت هنر بگویم و آنچه طی سی سال دربه‌دری دریافته بودم با آنان در میان بگذارم. این گفتارهای گهگاهی و آن سفارش‌های تحقیقی، که به قصد توضیح و تشریح مباحث و مسائل معینی قلم زده می‌شد، همان مجال آه است، فرصت کوتاه، که عذر تقصیرش را پیش از این خواسته‌ام.

ده گفتاری که برای این دفتر دستچین کرده‌ام دلسپردگی عاشقانهٔ مرا به حوزهٔ تمدن ایرانی، به‌خصوص تمدن اسلامی، نشان می‌دهد. این ده گفتار اندکی از دغدغه‌های مرا نسبت به مقوله‌های **خرد** و **هنر** و **مهر** می‌نمایند؛ سه‌گانه‌ای که درواقع پدیده‌ای یگانه‌اند و از منشأ یگانهٔ وحدت و وحدانیت می‌آیند.

ده گفتار این دفتر، به لحاظ تنوّع موضوعی و تفاوت هدفی که دنبال می‌کنند، در دو بخش آمده‌اند. در بخش ۱، با موارد و موضوع‌هایی روبه‌رو می‌شوید که دربارهٔ فرهنگ ایرانی‌اسلامی از دیدگاه معرفت‌شناختی است. بخش ۲ به طرح مباحث یا پیشنهادهایی اختصاص یافته است که، به‌زعم طرح‌کنندهٔ این مباحث و پیشنهادها، به تأمل و توجه یا بازنگری نیاز دارند.

در بخش ۱، سه گفتار «مصاحبت نور با نور» و «نقد در سنّت ایرانی» و نیز «دعا و نیایش و نیاز» در مجلس‌های مختلف و برای مخاطبان مختلف طرح شده‌اند. کوشیده‌ام که این مباحث را از زوایای تازه‌ای بنگرم و فکر تازه‌ای ارائه دهم. در سه گفتار دیگر، «نگاهی به

شیوهٔ آموزش قدمایی» و «نقش خرد و زیبایی در اخلاق ایرانی» و حتی «اهمیت سیر آفاقی در تمدن اسلامی» مجال بیشتری به خرج داده شده است تا منظر تاریخی از افق بازتری برخوردار باشد و دامنگستری مضامین و مطالب، بالنسبه، بیشتر باشد. «سه اسطورهٔ ایرانی»، که آخرین گفتار این بخش است، زوایای تازه‌ای را برای خواننده می‌گشاید.

در بخش ۲، بحث مربوط به حکایت‌های ایرانی، آنچه در مقالهٔ «داستان‌سرایی ایرانی: گردآوری مُرده‌ریگ» ارائه شده هنوز بحثی باز است و علاقه‌مندان را به چالش می‌خواند. با گسترش ویرانگر رسانه‌های نوین، خطر از میان رفتن میراث شفاهی حکایت‌های ایرانی به طور جدّی مطرح است و یک تصمیم‌گیری در سطح ملّی را ضرور می‌سازد. در زمینهٔ ابداع یک شخصیت خندستانی، این فکر طرح شده است که یک جامعهٔ پویا و سرزنده از داشتن فرصت‌های فکاهی و لحظه‌های بذله بی‌نیاز نیست و حوزهٔ تصاویرانگیخته [انیمیشن] می‌تواند جبرانکنندهٔ این کمبود باشد. واقع آن است که نواختِ یکدستِ سوگ و سایه، اگر به نور گهگاهی دلاسایی‌ها و استراحت‌های خندستانی همراه نباشد، چیزی جز تیرگی و تاریکی و سنگینی روحی و بی‌حوصلگی همراه ندارد. آخرین مقاله، «به سوی نمایش آیینی ایرانی»، طرحی کاملاً متفاوت است. این مقالهٔ پیشنهادی به امر نمایش آیینی در پرتو بازی آیینی می‌نگرد و به آن بها می‌دهد. به نظر می‌آید اگر بخواهیم نمایش آیینی داشته باشیم، راهی جز توجه به بازی آیینی در پیش نداریم.

اسماعیل بنی‌اردلان

زمستان ۱۳۹۰

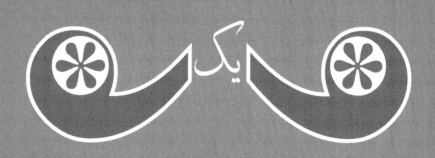

یک

مصاحبت نور با نور

به نام آنکه جان را فکرت آموخت
چراغ دل به نور جان برافروخت

نور از دیدهٔ دیده‌وران

به نظر نمی‌آید که در جهان هستی چیزی به اندازهٔ نور پیدای پیدا باشد و در ذات خود پنهانِ پنهان.

هنگامی که بخواهیم اقدام به تعریف نور بکنیم، به لحاظِ آشکاری نور، که قدما از آن به تعبیر «در صحرا افتادن» یاد می‌کردند، نیازی به تعریف نمی‌بینیم؛ چون چیزی که عیان است حاجتی هم به بیان ندارد. با این همه، یک وجه دیگری نیز نور دارد و آن وجه این است که چیزی در دارِ هستی نیست که برای پیدایی و ظهور خود نیازمند نور نباشد. پس نور هم خود پیداست و هم سبب پیدایی پدیده‌هاست.

این وجه دوگانهٔ نور را شیخ اشراق، در توصیف مفهوم نور، چنین بیان می‌کند: «اگر در جهان هستی چیزی باشد که نیازی به تعریف و

شرح آن نباشد، آن‌گاه باید خود آن ظاهر و آشکار باشد. و در عالم چیزی اظهر و آشکارتر از نور نیست. پس، بنابراین، چیزی از نور بی‌نیازتر به تعریف نیست.» این سخن اخیر شیخ اشراق، یعنی بی‌نیازی نور به تعریف، هم به سادگی و پیدایی این پدیده و هم، در همان حال، به نادستیاب بودن و گریزایی آن، هر دو، اشاره دارد.

مبحث نور، در فیزیک نیوتونی، بسی ساده‌تر از امروز برگزار می‌شد. به این سبب که مقولهٔ نور با مقولهٔ رؤیت پیوند داشت. درنتیجه، حدوث دیداری اشیاء و مناسبات و تناسبات حاکم در مقولهٔ رؤیت، که مقوله‌ای تجربی و بصری بود، سنجیده می‌شد. اما پیشرفت علم بر آگاهی‌های بشری افزود و ابزارهای ظریف‌تر و پیچیده‌تری، که فراتر از رؤیت بشری می‌توانست «حساسیت» نشان دهد، به مدد دانشمندان آمد. امروزه، فیزیک کوانتومی ناگزیر باید با این برداشت دوگانه کنار آید که نور را، در آنِ واحد، هم موج و هم ذرّه در نظر بگیرد؛ یعنی هم پیوسته و هم گسسته. ناکامی دانشمندان در حل این مسئله سبب به وجود آمدن منطق چندارزشی شده است.

در مکتب عرفان، که جنبهٔ پیوستگی بین مراتب عالم و مبدأ فیض الهی بیشتر مورد توجه بوده، جسم متّصل و جزء لایتجزی در نظر گرفته می‌شد؛ حال آنکه مکاتبی، نظیر اشاعره، قائل به انفصال بین محدود و بی‌نهایت و یا عالم و مبدأ بودند. آن‌ها که بر جنبهٔ پیوستگی و اتّصال عالم خلقت به مبدأ وجود توجه کردند، زبان تمثیل و تشبیه را در پیش گرفتند و عالم را به صورت سایه و مثال عالم ملکوت جلوه‌گر ساختند و از این طریق سعی کردند تا رابطهٔ بین موجودات و وجود محض و کثرت و وحدت را نشان بدهند. اما عقل سلیم به ما حکم می‌کند که طریق صواب، جمعِ بینِ تشبیه و تنزیه است که روی هم مبین رابطهٔ

حقیقی بین ذات و صفات و اسماء و افعال خداوند، تعالیٰ، است. هریک از این طریقه‌ها، به‌تنهایی، ناقص و محدود است و سر از وادی‌های ناخواسته و مجهول درمی‌آورد.

این‌چنین، می‌بینید که مقولهٔ پیوسته بودن یا گسسته بودن نور و مناقشهٔ آن، بین دانشمندان معاصر، یک مقولهٔ نظری است. اگر اصل تشبیه و تنزیه، هر دو، را بپذیریم، نور هم پیوسته است و هم گسسته؛ هم موج است و هم ذرّه.

شاید کمی موشکافی در عقیدهٔ دیده‌وران قدمایی ما را به حقیقت ماهیت نور نزدیک کند. شیخ اشراق، سهروردی، در جای دیگر، **الواح عمادی**، لوح چهارم، می‌گوید: «حقّ اوّل نور همهٔ انوار است زیراکه معطی حیات است و بخشندهٔ نوریت است و او ظاهرست از بهر ذات خویش و ظاهرکنندهٔ دیگر. و در مصحف مجید آمده است و آن آنست که گفت اللهُ نورُ السموات وَالارض». سخن شیخ اشراق سخن بسیار ظریف و جذّابی است: خداوند نور اوّل است و بقیهٔ نورها از این نور اوّل، که نورالانوار است، روشنی و نمود پیدا می‌کنند. سهروردی آن‌گاه مراتب قوس نزول نور را در چهار عالم مطرح می‌کند که عبارت‌اند از: ۱. عالم انوار قاهره؛ ۲. عالم انوار مدبّره یا اسپهدیه؛ ۳. عالم صُوَر معلّقه؛ ۴. عالم برازخ جسمانیه (که همان عالم ماده است).

این قوس نزول خود قوس صعودی دارد که از سوی سالک پیموده می‌شود. بدین ترتیب که سالک با فرو گذاشتن ادراک حسی، توانایی ادراک صوَر مثالین عالم خیال و با تجرّد از تن، قدرت ادراک صورت‌های قدسی و عالم علوی را به دست می‌آورد. این توانایی از دیدگاه سهروردی داشتن کیان‌خره یا خرهٔ کیانی است که هدف اساسی و مسلط اندیشهٔ سهروردی متوجه آن بوده است. همان چیزی که اوستا

آن را خُوَرْ نَه (خورهٔ فارسی) می‌نامد. حکمای اشراقی این خُوَرْ نَه یا خوره را چنان فهمیده‌اند که زردشت تعریف کرده بود؛ یعنی «نوری که از ذات الهی فیضان پیدا کرده و به توسط آن برخی از صوَر بر بعضی دیگر برتری پیدا کرده و هر انسانی به فعالیت یا صناعتی قادر می‌گردد.» این نور خورنه با خوره، در واقع، همان نوری فهمیده شده است که به پیامبران اعطا شده است. و این نور همان نقش معنوی است که نور محمّدی در پیامبرشناسی و امام‌شناسی شیعی دارد. افزون بر این، در اندیشهٔ شیخ اشراق، مفاهیمی که در فارسی **خوره** و در عربی **سکینه** نامیده می‌شوند، با یکدیگر ارتباط دارند. از مفهوم سکینه، معنای ساکن شدن و رحل اقامت افکندن استنباط می‌شود. شیخ اشراق این مفهوم را با انوار معنوی محضی در ارتباط قرار می‌دهد که در نفس اسکان می‌یابد و در این صورت، نفس به «هیکلی نورانی» تبدیل می‌شود. همچنان که واژهٔ خوره مبین اسکان نور جلال در جان پادشاهان فره‌مند ایران باستان است، که بهترین نمونهٔ آنان شاهان بختیار، فریدون و کیخسرواند، و روان آنان خود آتشکده‌ای است. وانگهی، واژهٔ عربی سکینه از نظر لغوی معادل واژهٔ عبری «شخینه» و به معنای حضور ناپیدای الهی در قدس‌الاقداس هیکل است.[1]

در نزد سهروردی، نفس و بدن جنبه‌های متفاوتی از پدیدهٔ واحدی هستند که تأثیرات متقابل آن‌ها با اصل محبّت و مهر هماهنگ است. بدن، که متعلق به مرتبهٔ پایین‌تری است، عشق و شوقی ذاتی بر مرتبهٔ بالاتر، یعنی نور، دارد.

شناخت نور همان شناخت خود یا شناخت حقّ است.

خواجه عبدالله انصاری در تفسیر **الله نور السموات والارض** چنین

---

۱. شیخ اشراق به روایت هانری کربن.

می‌نویسد: «خداوند روشن‌کنندهٔ آسمان‌ها و زمین است، بر مؤمنان مصوّرِ اشباح است و منوّر ارواح»[۲]. همهٔ نورها از اوست، بعضی آشکار و پیدا، برخی پنهان و ناپیدا. نور آفتاب و ماه آشکار (لیکن تابع نور پنهان) و گرچه روشن است، با کسوف و خسوف باشند و پنهان مانند. آفتاب معرفت و نور توحید، که از مطلع دل‌های مؤمنان سر زند، آن را هرگز کسوف و خسوف نباشد. مصطفی دربارهٔ این نور گفته: عالمیان مشتی خاک بودند در تاریکی خود بمانده و در نهاد تیرگی سرگردان مانده و در پردهٔ آفریدگی ناآگاه مانده. همی از آسمان ازلیت باران انوار سرمدیت باریدن گرفت؛ خاک خوشبو گشت و سنگ گوهر گشت و رنگ آسمان و زمین دیگر گشت؛ لطیفه‌ای پیوند آن نهاد گشت، و خداوند از نور خود پرتوی بر آن پاشید. پرسیدند: این نور را چه نشانی‌ها است: گفت: چون سینه به نور الهی گشاده شود، همت عالی گردد، غمگین آسوده شود، دشمن دوست گردد، پراکندگی به گردآوری بدل شود، بساط بقا بگسترد، فرش فنا درنوردد، زاویهٔ اندوه را درببندد، باغ وصال را بگشاید.

یا در آیهٔ **مَثَلُ نُورِهِ کَمِشکوةٍ**، گروهی از مفسران گویند این(ها) اشارت به مصطفی است که خلقتش نور بود، خلعتش نور، نسبتش نور، و ولادتش نور... .[۳]

اما ساده‌ترین و در عین حال هنرمندانه‌ترین تعبیر از واعظ خرگوشی است.

دربارهٔ رسول اکرم^(ص)^ و سیرت او کتاب‌های بسیاری نوشته‌اند. **شرف‌البنی**، تصنیف ابوسعید واعظ خرگوشی، یکی از سیره‌های مشهور پیامبر اسلام است که بر پایهٔ مجموعهٔ احادیث نبوی نگاشته شده. فکر

---

۲. خواجه عبدالله انصاری، تفسیر ادبی و عرفانی قرآن مجید، نگارش حبیب‌الله آموزگار، تهران: اقبال، ۱۳۷۵، ص ۱۲۶.
۳. همان، ص ۱۲۸.

تصنیف خرگوشی بسیار بدیع و جذّاب است. شخصیت اصلی، در واقع، نوری است که خداوند پیش از خلقت آدم آن را بیافرید: «چون خدای، عزوجّل، آدم را بیافرید، در خط‌های پیشانی خود تسبیحی خفی می‌شنید. گفت: خداوندا، این چیست؟ حق، تعالی گفت: تسبیح مهم‌ترین و بهترین فرزندان تست، محمّد مصطفی: صلوات‌الله علیه، عهد و میثاق من از او بستان و او را جز در اصلاب پاکان و مطهران ودیعت منه».[۴]

همین نور است که به شیث می‌پیوندد، پدر پیغمبران، از طریق نطفه‌ای که در زهدان حوّا قرار گرفت. سفر تاریخی این نور پیش‌آفرینشی چنین آغاز شد.

سپس این نور به ادریس پیوست، پس به نوح و از نوح به سام، از هود این نور به ابراهیم پیوست و از ابراهیم به اسماعیل. تا از عبدالله این نور مصطفوی انتقال به آمنه یافت و رسول، صلی‌الله علیه، در وجود آمد.

حقیقت محمّدیه، یا نور محمّدی، یکی از مفاهیم ظریف عرفانی است. هرچند همهٔ پیغمبران نسخه و نمونی هستند از انسان کل و نور خود را از این حقیقت می‌گیرند، اما آنچه در مورد پیامبر اسلام اهمیت دارد این است که او، پیش از برانگیخته شدن به رسالت، دارای هستی جهانی بوده است. این برداشت عرفانی متکی بر حدیث مشهوری است که در آن پیغمبر به هستی تکوینی خود تأکید می‌کند و می‌گوید: «زمانی که آدم میان آب و گل بود من پیامبر بودم.» بنابراین حقیقت محمّدی همان حقّ در اولین مرتبه از تجلّی ابدی است. توالی جلوه‌های مختلف نور محمّدی، که به استناد حدیث «اولین چیزی که خدا آفرید نور من بود» در پیامبران و آخرین تجلّی تاریخی آن که به خود حضرت رسید، سبب می‌شود که او را، از لحاظ نشئهٔ عنصری‌اش، خاتم پیامبران

---

۴. ابوسعید واعظ خرگوشی، شرف‌النبی، تصحیح و تحشیهٔ محمد روشن، تهران: بابک، ۱۳۶۱، ص ۱۰.

بخوانیم. به تعبیر محیی‌الدّین ابن‌عربی، اصل ارواح ما روح محمّد(ص) است، پس او نخستین پدر روحانی است و آدم نخستین پدر از جهت جسم می‌باشد.[۵]

همدمی انسان و طبیعت

انطباق بین انسان و جهان هستی مبتنی بر یک هماهنگی درونی و «همدمی» بین آن دو است. به عقیدهٔ ابن‌سینا، انسان بین عالم محسوسات و مجرّدات قرار گرفته است. با حواس خارجی صُوَر عاَلم خارج را درک می‌کند و بالأخره از محسوسات گذشته به مرحلهٔ تعقّل و استدلال می‌رسد. به عقیدهٔ شیخ، این تحول یا ترقّی به خاطر آن پیش می‌آید که آدمی، علاوه بر نفس حیوانی، دارای نفس ناطقه نیز هست. نفسی که با کمک عقل فعّال می‌تواند انسان را به جهان ملکوتی و عقول مجرّده هدایت کند. اما این رابطهٔ درونی از چشم اکثر مردم پنهان است. در صورتی که با تکامل و تزکیهٔ نفس و ارتقاء به مقام تجرّد این «همدمی» آشکار می‌شود و در مورد انبیاء و اولیاء به نهایت وضوح می‌رسد. البته رعایت احکام عبادی همدمی بین انسان و جهان را قوی‌تر می‌سازد و انسان را برای کسب فیوضات عالم بالا، یعنی نور الهی، آماده می‌کند. پس دور نیست که بوعلی نفس را به موجودات آسمانی تشبیه کرده آن را یک جوهر نورانی بخواند و نور را هماهنگ و منطبق با نفس بداند. شیخ‌الرئیس از این طریق در رسالهٔ «نجات» خود روش اساسی ذکر را، که بین متصوّفان اسلامی و عرفای ادیان دیگر همواره متداول بوده، بیان کرده است.[۶]

شیخ‌الرئیس ابوعلی سینا، روح انسان را گم‌گشته در عالم ظلمت

---

۵. ابن عربی، فتوحات مکیه، ترجمهٔ محمد خواجوی، تهران: مولی، ۱۳۸۹، باب ۳۱۳، ص ۶۱۳.
۶. نک: نظر متفکران اسلامی دربارهٔ طبیعت، ص ۳۹۶ و ۳۹۷.

می‌داند که موطن اصلی خود را فراموش کرده و در سرگردانی است. پس انسان باید بار دگر منزلگاه اصلی خود را به یاد آورد و به سوی آن حرکت کند. این حرکت به نور هدایت صورت می‌گیرد، تا روح گم گشته بار دیگر در آشیانهٔ نور آرام گیرد.

به قول محیی‌الدّین ابن‌عربی، هیچ‌چیز، اگر در آن نور نباشد، ادراک نمی‌شود. با آن نور انسان ذاتش را که تخیل وجود و استعدادش است و برای قبول ادراک ابصار درمی‌یابد، و ادراک عادتاً اختصاص به دیدگان دارد.[۷]

بصیرت چیست؟

سخن محیی‌الدّین، که ادراک عادتاً اختصاص به دیدگان دارد، ما را به بحث بصیرت بازمی‌آورد. همچنان که بصر نور عین است، بصیرت نوری است که در دل مستقر هست.

به بصیرت حقایق غیوب، حقایق نهانی، آشکار می‌شود؛ حال آنکه به بصر صُوَر اشیاء دریافته می‌شود.

برای آنکه بصیرت حاصل شود تعلیم و تربیت لازم می‌آید؛ و دین رکن این تربیت و تعلیم برای رهیدن از ظلمت و رسیدن به نور قرار می‌گیرد. پیامبران و اولیای دین را جز این وظیفه‌ای نیست.

همچنان که پیش‌تر اشاره شد، همدمی انسان و عالم خارج از دیرباز بر اهل بصیرت شناخته بود. نسبت عالم صغیر و عالم کبیر، و همچنین همدمی روح و جسم، حکایت از شناخت می‌کند. انسان همواره با این پرسش مواجه بوده است که از کجا آمده‌ام و رفتنم به کجاست و از خداوند خود طلب می‌کرد تا وطنش را به او بنماید.

دین اسلام، که دینی وحدانی است راه رسیدن به این وطن را به

---

۷. ابن عربی، همان، باب ۲۸۹، ص ۲۶۳.

نور آموزه‌های پیامبرش روشن کرده است. در بحث از ماهیت نور، دیدیم که این دین نه‌تنها دانش‌ستیز نیست، بلکه ذاتاً اهل استدلال است تا بهترین‌ها را گزین کند. فراتر از این، در پیوند میان تشبیه و تنزیه دیدیم که قادر است راه درست، صراط مستقیم، را نشان دهد. هم در حوزهٔ فیزیک نیوتونی، که با مقولهٔ رؤیت تجربی سروکار داشت، و هم در حوزهٔ فیزیک کوانتومی دین اسلام می‌تواند حرف نهایی را، که بر پایهٔ هدایت است، بزند. دو پایگاه نظریه‌ساز اتّصال و انفصال اجزاء و اجرام با مبدأ سر از نظریهٔ موجی و ذرّه‌ای نور درمی‌آورد. تساهل دینی برداشت‌های گونه‌گون از هستی را توسط دانشمندان اجازه می‌دهد و، در همان حال، دریافت‌ها را به کلّ وحدت‌بخش رهنمون می‌شود. چنین کارکردی از دین به فرایند پیشرفت دانش کمک می‌کند و بی‌آنکه مخلّ برداشت‌های گونه‌گون از هستی باشد نگاه‌ها را به مبدأ توجه می‌دهد.

شیخ‌الرئیس بوعلی سینا در نوشته‌های خود صادقانه اعتراف می‌کند که علّت اصلی پیدایی الوان، رنگ‌ها، را در طبیعت نمی‌داند. آیا اساساً رنگی وجود دارد؟ آیا تموّج و تأثر نوری در رؤیت ما سبب‌ساز رنگ است؟ در همان حال، همچنان که در نظریات شیخ‌اشراق دیدیم، دیده‌وران ایرانی بسیار فراتر از فیزیک نیوتونی رفته بوده‌اند.

در اسلام، شرافت عقل و انعکاس ذهنی آن، که استدلال باشد، از آنجا منشأ می‌گیرد که عقل آدمی را به وحدت رهنمون می‌شود و او را به پذیرفتن حقایق دینی هدایت می‌کند. شرافت علم نیز در اسلام از چنین دریافتی می‌آید.

علم در اسلام، در واقع، وسیلهٔ عملی سازش خلّاقانه میان بصر و بصیرت بوده و در چنین دریافتی همدوش دین حرکت می‌کرده است. اگر به فضای شهر و نیز معماری ایران بنگریم، ادراکی که در زمینهٔ حقیقت

همدمی وجود دارد انکارناپذیر است. معماری و شهرسازی سنتی ما، به عنوان بازوی عمل‌کنندهٔ دین که هدفش وحدت بود، در هماهنگی کامل انسان با جهان بیرونی و هدایت او به بصیرت و خرد معنوی به وجود آمدند. در این دریافت هستی‌شناسانه، کوچک‌ترین اجزاء تا بزرگ‌ترین عناصر، با هدف هدایت انسان به سوی نور بصیرت‌آفرین و در نظامی هماهنگ عمل می‌کرد، زیرا غایت آن رسیدن و رساندن به وحدت و یکپارچگی بود. این کار، در طراحی شهری، باشندگانش را از مراتب فضاهای دنیوی متدرّجاً به فضاهای معنوی دلالت می‌کرد. سامان این کار به گونه‌ای بود که انسان با استفاده از نور موجود و متغیر طبیعی یا مصنوع در فضا هدایت می‌شد. توازن و تراز نور و سایه، بسته به فصول سال و بسته به اقلیم و شرایط آب و هوایی، انسان را از کوچه‌ها، گذرها، شوارع و بازار شهر عبور می‌داد و در نهایت او را به فضای معنوی مسجد رهنمون می‌شد. هنگامی که به عملکرد این استادان چیره‌دست نگاه می‌کنیم متوجه می‌شویم که آنان نبض نور را در دست خود داشتند و منشأ ضربان و شدت و ضعف آن را می‌شناختند و با آن بر جان آدمی زخمه می‌زدند.

رسیدن به صحن مسجد نیز با عاملی به نام هشتی به تعویق می‌افتاد. تعلیقی که با آن عامل چندضلعی، که در فراز آن معمولاً نورگیرهایی تعبیه می‌شد تا روشنایی ملایمی را در ساعات مختلف روز ایجاد کند، صورت می‌گرفت، مجالی فراهم می‌آورد تا واردشونده ازدحام و شلوغی شهر و بازار را پشت سرگذارد، از تعلّقات دنیوی جدا شود و با نور لطیف و ملایم به تمکین و تسکینی دست یابد که لازمهٔ حضور در یک سرای معنوی و نشئهٔ سرمدی است.

در معماری سنّتی ایران، در بنای مساجد نیز، عناصر معماری در

خدمتِ رساندنِ نور به داخل بنا به‌کار گرفته می‌شدند. استفاده از نورگیرها در شکل‌های مختلف همچون پنجره‌های مشبّک، روزن‌ها، ارسی‌ها، جامخانه‌ها و... نور ملایم را به درون بنا می‌آورد. پس از پایان نور روز نیز، ابزارهای روشنایی زیبا مثل قندیل‌ها، شمعدان‌ها، چراغدان‌ها، چراغ‌پایه‌ها، فانوس‌ها و... بنا را از نوری چشم‌نواز و ملایم سرشار می‌کردند؛ ملایم‌ترین نور برای رساندن انسان به حالتی معنوی و انس و همدمی با نور درون خویش.

تزئینات بنای مسجد، کاشی‌کاری‌ها، رنگ‌هایی که خود تجزیه‌ای از نور مطلق‌اند، کاربندی‌ها، مقرنس‌ها و... همگی انسان را به نور ملایم نوازش می‌کردند؛ مثلاً، در مسجد شیخ‌لطف‌الله، از شاهکارهای دوران صفوی، نور از روزنه‌های کوچکِ تعبیه‌شده بر فراز گنبدخانه وارد می‌شود و حالت‌های ملایم و لطیفِ نور از طریق این روزنه‌ها، در طول روز، در فضا ایجاد می‌گردد. گردش خورشید، در طول روز، باعث می‌شود که تابش نور فقط بر تعدادی از این روزنه‌ها صورت گیرد که این امر باعث می‌شود فضای داخل مسجد در هر ساعت از روز حال و هوایی متفاوت پیدا کند.

به این ترتیب، انسانی که وارد چنین فضایی می‌گشت در همدمی کامل با این فضای نورانی از بصیرت و معرفتی که عین نور است سرشار می‌شد و نور درونش به واسطهٔ این فضای نورانی معنوی تقویت می‌گشت و در هماهنگی با نور بیرونی قرار گرفت و در حالی معنوی و سرشار از لطایف نور الهی کامل می‌گشت.

آیا شهرهای امروزی ما، که بنا به الزامات روز و صرفاً برای حلّ مشکلات خلق‌الساعه شکل گرفته‌اند، می‌توانند آن هدف غایی را، یعنی رساندن انسان به وحدتی سازمند، دربر داشته باشند؟ فضاهای

سنتی شهرها هنوز آرامش به دل‌ها می‌آورند و، فراتر از آن، تناسبات زیباشناختی‌شان هنوز تحسین در ما برمی‌انگیزند. آیا فضاهای امروزی این لذت حضور را به ما ارزانی می‌دارند؟ کودک که صبح‌هنگام از خانه به مدرسه می‌رود و کم‌کمک آماده می‌شود تا درکی از زیبایی پیرامون به دست آورد آیا در محیط امروزی که برای او فراهم کرده‌ایم از چنان موهبتی برخوردار می‌شود؟ کودک در پناه درکی که از زیبایی محیط و پیرامون خود به دست می‌آورد با مراتب آفرینش آشنا می‌شود و از طریق همدمی بیرون و درون به وحدت دست می‌یابد. آیا ما موفق شده‌ایم بصر او را به بصیرت هدایت کنیم؟

فراموش نکنیم که فضاهای شهری و اساساً کالبد کلّی شهر، سازندهٔ روحیهٔ شهری و روحیهٔ باشندگان آن است. زیبایی به تعبیری یعنی توازن و تناسب اجزاء. نه‌تنها منظر فرادیداری [پانورامایی] شهر مهم است، بلکه، مهم‌تر از آن، عناصر جزئی در زیباسازی شهر نقش اساسی دارد. فی‌المثل، در مسیر عبور پیاده، اگر پل عبور را دور از خط‌کشی معهود بگذاریم، نه‌تنها به تناسب لازم عمل نکرده‌ایم، بلکه عابر را به یک حرکت دور از منطق عادی و عقل متعارف سوق داده‌ایم. از چنین عابری دیگر نمی‌توان رعایت رفتار منطقی و موافق عقل انتظار داشت. شهرسازی، از چنین دیدگاهی، یعنی تربیت انسان‌ها. حال آنکه در یک فضای شکل‌گرفته با تناسبات منطقی و زیباشناختی فرد در میزانسی قرار می‌گیرد که مراتب زیبایی آمیخته به خرد آن در رفتار او تکمیل و تصحیح می‌شود.

معرفت به نور، خاصّه معرفت به نور درون، یک ودیعهٔ الهی است؛ ساخت و سازهای ما را در یک تصور کلی و هدفمند شکل می‌دهد. شهرهای اسلامی، که شهرهای ایرانی مثال‌های بارز و درخشان آن

هستند، این امتیاز بزرگ را در دنیا داشته‌اند که به انسان هم در ساخت خصوصی خانه‌اش امکان همدمی وحدت‌بخش با طبیعت را می‌داده‌اند و هم در فضای شهری و فعالیت‌های جمعی اصلِ مصاحبت دائمی با نور را برای او تدارک می‌دیده‌اند. این مصاحبت نورَ درون و نور بیرون میوهٔ وحدت را در پی داشت که جوهرهٔ دین ماست.

کتابنامه

ابن عربی، **فتوحات مکیه**، ترجمهٔ محمد خواجوی، تهران: مولی، ۱۳۸۹.

واعظ خرگوشی، ابوسعید. **شرف‌البنی**، تصحیح و تحشیهٔ محمد روشن، تهران: بابک، ۱۳۶۱.

خواجه عبدالله انصاری، **تفسیر ادبی و عرفانی قرآن مجید**، نگارش حبیب‌الله آموزگار، تهران: اقبال، ۱۳۷۵.

نقد در سنّت ایرانی

طوطی: ما حیوانات به آنچه خدا داده است، راضی و نسبت به احکام او خاضع هستیم، از ما برای چه و چطور و چرا در کارهای او دیده نمی‌شود.

انسان: برای همین است که حیوان مانده‌اید.

رسالۀ اخوان‌الصفا، رسالۀ بیست و دوم،

محاکمۀ انسان و حیوان

این حکایت کوتاه، به نحوی، تفاوت انسان با حیوان را در چون و چرا می‌داند که می‌توان، با اندکی توسع معنی، به آن عنوان نقد داد؛ نقد به معنای سنجش و فهم، مفهومی که در بطن خود شک و تردید را نهفته دارد. نقد، در چنین برداشت، آن چیزی است که رشد یک فرهنگ در گروِ شکوفایی آن است و بدون آن جمود فکری و جاهلی است که بر مردمان سایه می‌اندازد. آنچه ابوریحان بیرونی در آثارالباقیه دربارۀ مردمان خوارزم می‌نویسد تصویری از فقدان آن به دست می‌دهد: «و چون قتیبه بن مسلم نویسندگان ایشان را [یعنی نویسندگان خوارزم

را] هلاک نمود و هربذان [پیشوایان دینی] ایشان را بکشت و کتب و نوشت‌های ایشان را بسوخت، اهل خوارزم اُمّی ماندند، و در اموری که محتاج‌الیه ایشان بود فقط به محفوظات خود اتکا نمودند و چون مدتْ متمادی گردید و روزگار دراز بر ایشان بگذشت امور جزئیه مختلف‌فیه را فراموش کردند و فقط مطالب کلیهٔ متفق‌علیه در حفظ ایشان باقی ماند.»

در فرهنگ غرب، نقد، به این معنای مورد نظر، با دکارت و سپس با کانت و آثار او شروع می‌شود؛ در سنت ایرانی، این نقد سابقه‌ای بس طولانی‌تر دارد. پس از دوره‌های بزرگ فکری و فلسفی ایرانِ پیش از اسلام، سنت نقد اسلامی، در اوایل قرن دوم هجری، آغاز می‌شود. سرچشمهٔ چالش‌ها یا مبنای نقد را می‌توان به بعد از رحلت پیامبر(ص)، خصوصاً در استنباطات مبانی دینی، نسبت داد؛ آن‌گاه که دیگر پیامبر نبود تا به شبهات و سؤال‌های دینی مسلمانان پاسخ آخر را دهد.

این فقدان باعث اختلافاتی در میان صحابهٔ پیامبر گشت که برخی از آن‌ها به امور عقیدتی [اموری که مقصود از آن نفس اعتقاد است] مربوط است و یا از این امور نشئت می‌گیرد. برای نمونه، «تخلف از جیش اسام بن زید بن حارثه»، «وصیت پیامبر(ص)»، «امامت»، «اختلاف صحابه در خصوص جنگ با مانعین زکوة».[۸]

تفاوت آرا در فهم و شرح قرآن از یک سو باعث شکل گرفتن شاخه‌هایی مانند علم کلام شد[۹]، و از سوی دیگر باعث پر و بال یافتن فلسفه‌ای شد که از یونان وارد شده بود. مصادیق آن، نزاع‌هایی است که میان محمّد غزالی و اهل فلسفه رخ داده است.

---

۸. محسن جهانگیری، «پیدایش علم کلام و منزلت آن در میان علوم»، مجلهٔ معارف، دورهٔ ۵، شمارهٔ ۳، آذر اسفند ۱۳۶۸، ص ۸۲.

۹. کلام یکی از علوم اسلامی است که برای درک و فهم عقاید دین اسلام و دفاع از آن پدید آمد و مشتغلان به آن را متکلّم نامیده‌اند (محسن جهانگیری، همان، ص ۷۹).

این چالش‌ها، بحث‌ها و مناظره‌ها، میان فلاسفه و علمای دین، به مرور زوایای تازه‌ای را در نقد شکل دادند؛ مانند نحلهٔ فکری معتزله که به استدلال معتقد بودند و از اصول عقلانی تبعیت می‌کردند و نحلهٔ اشاعره، پیروان ابومنصور ماتریدی، که به مبادی سنت و روایت و نقل در مسائل دینی و مبانی مذهبی و اجتماعی پای‌بند بودند. همین مناظره‌ها و مباحثه‌ها بودند که موجب رشد علوم مختلف انسانی مانند فلسفه و کلام و علوم دینی در طی قرون گشتند.

تفکر در ایران

الف) دورهٔ ساسانیان

کریستن‌سن در کتاب ایران در زمان ساسانیان می‌نویسد: «عهد بزرگ تمدن ادبی و فلسفی ایران با سلطنت خسرو اوّل آغاز می‌شود.»[۱۰] پس از معاهدهٔ صلحی که بین خسرو انوشروان و رومیان در سال ۵۶۲ میلادی، به امضا رسید، عیسویانِ طردشده از روم، در ایران آزادی و امنیت یافتند و مدارسی را در ایران بنیاد نهادند و به تدریس حکمت و علم طب پرداختند. در سال ۵۲۹ میلادی، مدرسهٔ فلسفهٔ آتن، به سبب اینکه تعلیمات آن با تعالیم کلیسا در تضاد بود، تعطیل شد و در پی آن هفت تن از حکیمان یونانی به تیسفون پناه بردند و زیر چتر حمایت دربار قرار گرفتند و مورد عنایت خاص انوشروان شدند. در همین اوان است که یک نفر عیسوی، موسوم به پولوس پرسا [Paulus Persa]، مختصری از منطق ارسطو را برای شاه ترجمه می‌کند. جانبداری انوشروان از فیلسوفان چیزی است که از منابع مختلف به روشنی عیان است. در همان زمان، که ژوستی‌نیان، امپراتور روم، تحت تأثیر کلیسای

---

۱۰. آرتور کریستن‌سن، ایران در زمان ساسانیان، ترجمهٔ رشید یاسمی، تهران: ابن‌سینا، ۱۳۴۵، ص ۴۳۸.

مسیحی به زجر و شکنجۀ فیلسوفان و پراکندن ایشان پرداخت، هفت فیلسوف تبعیدی در ایران پذیرفته شدند و مورد احترام قرار گرفتند.

انوشروان نسبت به شاهان پیش از خود یک ویژگی اساسی داشت؛ یعنی اینکه از لحاظ مذهبی سخت‌گیری‌ها و تعصبات شاهان پیش از خود در سلسلۀ ساسانی را نداشت، و فراتر از آن دوستدار فلسفه نیز بود و نسبت به «عقاید مختلف دینی و مذاهب فلسفی وسعت مشرب نشان می‌داد.» کریستن‌سن تصریح می‌کند: «اورانیوس، طبیب و حکیم سُریانی، معلم فلسفۀ انوشروان بوده است.»

این وسعت مشرب، فقط به فرهنگ و فلسفۀ یونان محدود نبود و تلاش ایرانیان برای کسب معرفت فقط به فرهنگ یونان منحصر نماند. دوشادوش فرهنگ یونانی، در این دوران، فرهنگ هندی نیز در میان ایرانیان رواج یافت. همچنان که از متن **ماذیگان چترنگ** [رسالۀ شطرنج]، که از عهد ساسانی باقی مانده برمی‌آید، بازی شطرنج در زمان پادشاهی خسرو اوّل از هند به ایران آمد. اصلاً بخش «برزویۀ طبیب» که در کتاب **کلیله و دمنه** آمده نشان از توجه ستایش‌آمیزی است که ایرانیان به فرهنگ هندی داشتند. خود این بخش از کتاب، به قول کریستن‌سن، «نشان از روح حقیقت‌جویی می‌کند که هر سو در پی مقصود خویش می‌رود و نمی‌یابد». استقبال پرشوری که ایرانیان از کتاب **کلیله و دمنه** به عمل آوردند، بسیار درخور توجه است. کریستن‌سن می‌گوید این استقبال به آن سبب بود که «در عرضه کردن مطالب اخلاقی شبیه آن نوع از ادبیات بود که ایرانیان عهد خسرو بسیار دوست می‌داشتند؛ یعنی اندرزها یا کتب پند و نصیحت».

همین ویژگی‌های حقیقت‌جویی و در پی دانش بودن ایرانیان است که ابن‌خلدون را ناگزیر از این می‌کند که ایرانیان را پرچمداران علم

و تمدن معرفی کند. «چون ملت‌های متمدن در آن روزگار ایرانیان و
کسانی بودند که از آن‌ها پیروی می‌کردند، از آن رو علم و هنر نیز به
ایشان اختصاص یافت.»

آنچه امروز می‌توانیم دریابیم آن است که ایرانیان هرچند نه همهٔ
میراث فکری یونان را جالب و جذاب یافتند، احتمالاً آنچه آموختنی
بود و به مذاقشان خوش می‌آمد از این میراث برگرفتند. همچنان‌که
افکار فلسفی برخاسته از یونان در ذهن مسیحیان رخنه می‌کرد و آن‌ها
را وامی‌داشت تا عقاید دینی خود را در پرتو فلسفهٔ یونان تأویل و
تفسیر کنند، در ایران ساسانی نیز، کم و بیش، همین اتفاق افتاد. در
ایران نیز، بر اثر برخورد اندیشهٔ نوافلاطونی با دین زرتشتی، وضع
تعارض‌آمیزی ظاهر گشت. می‌توان حدس زد که موبدان «این مهمان
تازه‌وارد» را دوست نداشتند. شاید یکی از دلایلی که موبدان جرئت
نکردند به طور مستقیم و علنی مخالفت خود را با فلسفه ابراز کند،
علاقهٔ مفرط انوشروان به مقولات فلسفی بوده باشد.

اما نتیجهٔ آشنایی ایرانیان با حکمت یونان بسیار بااهمیت بوده
است، هرچند روحیهٔ ایرانی با جوهر فلسفهٔ یونان آغشته نشد.
کریستن‌سن معتقد است که بدبختی‌های عمومی و اجتماعی ایرانیان در
زمان ساسانیان کمتر از دوره‌های پیش بود، ولی مردم آن را بیشتر حس
می‌کردند «زیرا مردم در این دوره بیشتر فکر می‌کردند». روحیهٔ نقد در
چنین فضایی شکفته می‌شود.

هنگامی که دین اسلام در میان عرب ظاهر گشت، به مقتضای
زندگی ساده و بدوی‌شان، با علم و صنعت آشنایی نداشتند. ابن‌خلدون،
که این نکته را بیان کرده، در ادامهٔ سخنانش، در شرح مختصری دربارهٔ
تاریخچهٔ علوم اسلامی و چگونگی پیدایش آن، می‌گوید: «و بدین

ترتیب علومی به‌وجود آمد که پیدا کردن ملکهٔ آن‌ها مستلزم آموختن بود.» اصلاً ابن‌خلدون معتقد است که صنعت از خواص زندگی شهری و ملت‌های متمدن است و از آن جمله ایرانیان را مختص به آن می‌داند و گفتهٔ پیغمبر(ص) را یادآور می‌شود: «اگر دانش بر گردن آسمان درآویزد، قومی از مردم فارس[11] بدان نائل می‌آیند و آن را به دست می‌آورند.»

پس از تسلط اسلام، به دنبال یک دوره فترت، با روی کار آمدن بنی‌عباس، بار دیگر سنت‌های فکری ساسانیان رواج یافت. بار دیگر تفکر مبتنی بر نقد و دانش‌پژوهی، بدون تعصّبات دینی، رو به گسترش گذاشت. عصر عباسی همراه است با رونق شهرنشینی در میان مسلمانان. احداث شهر بغداد خود نشانگر نیازهای جدید مدنیت در میان مسلمانان است. این مهم نیز به واسطهٔ ایرانیان و سنت فکری آنان رخ داده است.

ب) دورهٔ عباسیان

تاریخ‌نویسانْ دورهٔ اوّل عصر عباسی را «عصر طلایی اسلام» خوانده‌اند. در این دوره، خلافت اسلامی هم از لحاظ ثبات سیاسی و نظام اداری و اجتماعی در اوج ترقی بود و هم نهضت علمی و فرهنگی اسلام در این عصر آغاز شد. این دوره، از آن جهت که ادارهٔ امور در دست وزیران و دبیران و سرداران ایرانی بود، به دورهٔ ایرانی نیز موسوم شده است.

در واقع، رشته‌ای که در عهد خسرو اوّل ساسانی، به‌خصوص در گندی‌شاپور، بافته شد و با حملهٔ عرب از هم گسیخت در دورهٔ عباسی دوباره پیوند خورد. نهضت ترجمه، همچنان که در جامعهٔ ساسانی تأثیر خود را گذاشت، در جامعهٔ اسلامی دورهٔ عباسی نیز فرهنگ‌ساز شد.

---

۱۱. فارس در معنی آن چیزی به کار رفته است که امروزه به عنوان ایران می‌شناسیم.

دکتر محمّدی، در کتاب **فرهنگ ایرانی پیش از اسلام**، معتقد است که «تأثیر فکر یونانی بیشتر در علوم عقلی اسلام بوده و فکر ایرانی نیز بیشتر در فنون ادبی و نظام اداری و زندگی اجتماعی و بعضی از دانش‌ها تأثیر داشته است».

به هر حال، ابن‌خلدون می‌گوید: «از غرائبی که رخ داده است این است که در جامعهٔ اسلامی بیشتر پیشوایان علم ایرانی هستند.»

پیشرفت و رشد فرهنگ در دورهٔ عباسی نیز نتیجهٔ آمیزش و پیوند تعلیمات اسلامی با فرهنگ‌های مترقی و رشدیافتهٔ پیشین است. در این دوران، ایرانیانی همچون ابن‌مقفع و خاندان نوبختی، که علاقه‌مند بودند میراث و مآثر پدری را از دستبرد زمانه دور نگه دارند، ترجمه و تألیف دانش ایرانی را سرلوحهٔ کارهای خویش قرار دادند. در واقع، همین کوشش‌های ایرانیان بود که باعث شد ابن‌خلدون ایرانیان را **حَمَلة علم** بخواند.

بارزترین چهرهٔ ترجمهٔ این دوره ابن‌مقفّع است. نُلدکه، دانشمند ایران‌شناس آلمانی، در مقدمه‌ای که بر کتاب **کلیله و دمنه** نوشته، معتقد است که کار ابن‌مقفّع را نباید ترجمه نامید. ابن‌مقفّع مؤلفی است که پیوسته از روش مخصوص به خود پیروی کرده و همهٔ کوشش خود را متوجه آن ساخته است تا کتاب‌هایی متناسب با ذوق خوانندگان، که عموماً از طبقهٔ درس‌خوانده و روشن‌فکر بوده‌اند، به‌وجود آورد.

همچنان‌که در دورهٔ انوشروان سعی شد تا بار اندیشه‌ها و حاصل مطالعات ملت‌های مختلف به زبان فارسی گزارش شود، در دورهٔ عباسی نیز همین اتفاق افتاد. در این دوره نیز، عیسویان سُریانی همان نقشی را که در انتقال دانش یونانی به فارسی ایفا کرده بودند، بار دیگر برعهده گرفتند. ایرانیانی که هم به فارسی میانه [پهلوی ساسانی] و هم به عربی مسلط بودند عهده‌دار ترجمهٔ متون دورهٔ ساسانی شدند. در کتاب

الفهرست ابن‌ندیم، فهرست بالابلندی از این کتاب‌ها داده شده است که دربرگیرندهٔ حوزه‌های مختلف فنون و ادب و دانش آن دوران می‌شود.

ادوارد براون در کتاب **تاریخ ادبی ایران** می‌گوید: «وقتی شخصی عشق و علاقهٔ انوشروان را به مباحث دینی و مناظرات فلسفی می‌خواند، بی‌اختیار عصر مأمون، خلیفهٔ عباسی، و مناظرات او را به خاطر می‌آورد.» شباهتی که ادوارد براون از آن یاد می‌کند بیش از آن است که در بادی امر به نظر می‌رسد. یکی از این نمونه‌ها بیمارستان و آموزشگاه طب در گندی‌شاپور است که عیناً به همان ساختار ساسانی، در بغداد، پیاده شد.

گندی‌شاپور شهرت خود را به سبب آموزشگاه و بیمارستانی که در آن به وجود آمده بود و طی چندین قرن از مراکز بزرگ علمی شرق به شمار می‌رفت به دست آورده بود. سارتن [Sartan]، در کتاب **مقدمه‌ای بر تاریخ علم**، احتمال می‌دهد که بنیاد این آموزشگاه، که او آن را **دانشگاه** نام می‌نهد، پیش از قرن پنجم و حتی پیش از قرن چهارم میلادی گذاشته شده باشد. اهمیت این مرکز هم در آن بود که، برخلاف جاهای دیگر، در آنجا فقط مباحث علمی جریان داشته است.

گندی‌شاپور در سال هفدهم هجری فتح شد، هرچند پس از فتح آنجا آموزشگاه و بیمارستان بیش از دو یا سه قرن بر پای ماند. با این همه، می‌توان گفت که پس از سقوط دولت ساسانی آن رونق و شکوه گذشته را نداشت.

نخستین باری که پزشکان گندی‌شاپور در مرکز خلافت راه یافتند، در روزگار منصور، خلیفهٔ عباسی، بود. گفته‌اند پس از بنای بغداد، این خلیفه دچار بیماری شد. از گندی‌شاپور، که هنوز بزرگ‌ترین مرکز علمی به شمار می‌رفت، جورجیس، پسر بختیشوع، را، که ظاهراً مهم‌ترین پزشک آنجا بوده است، به بغداد خواندند. معالجه موفقیت‌آمیز

بود. از آن زمان به بعد، همواره یک پزشک در دربار خلافت نگاه می‌داشتند و آن پزشک حتماً از همین خاندان بختیشوع بود. هنگامی که هارون‌الرشید خواست بیمارستانی در بغداد بنا نهد، مسئولیتش را برعهدهٔ جبرائیل، پسر بختیشوع، گذاشت که مقیم دربار خلیفه بود. این آموزشگاه و بیمارستان آن پایه‌ای گشت تا مؤسسات مشابه اسلامی به الگوی آن برقرار شود.

ج) اخوان‌الصفا

دایرةالمعارف‌نویسان اخوان‌الصفا در نیمهٔ آخر قرن دهم میلادی در بصره پای گرفتند. روحیهٔ حقیقت‌جویی و اندیشهٔ دانش‌طلبی و سنت تفکر ایرانی در این دوران در میان ایشان شکوفا شد. پنجاه و یک رساله‌ای که اخوان‌الصفا انتشار دادند تقریباً جامع جمیع مباحث حکمت و فلسفه بود. این رسالات هم شامل علوم دنیوی، مانند حساب و علم سعد و نحس و عروض و مکاسب و صنایع و نظیر آن‌ها بود و هم علوم دینی را دربر داشت که شامل علم قرآن، تفسیر و حدیث و حتی مسائلی چون وجد و حال و ریاضت و جذبه و خلسه می‌شد.

روش اخوان‌الصفا اساساً ترکیب و تألیف موضوعات بوده است. همچنان که دیترسی [Dieterici] می‌گوید، کوشش اخوان‌الصفا این بود که تناسب و ارتباط کلیهٔ مطالب علمی را که به آن‌ها رسیده بود در نظر آرند و برای عالم ماده و عالم معنی وجه جمعی بسازند، چنان‌که جواب همهٔ سؤالات را تضمین کند و با منظومهٔ فرهنگ آن زمان نیز مطابقت داشته باشد. ادوارد براون معتقد است که اخوان‌الصفا از آن رو به ترکیب و تألیف عقاید و جمع آرای مختلف برانگیخته شدند که معتقد بودند حقیقت، خواه مذهبی خواه فلسفی خواه علمی، در هر حال، یکی است. جمیع علوم متداول عصر خود را بدین منظور و مقصود تطبیق

کردند و هر علمي را نه‌تنها به‌خاطر نفس آن علم، بلکه از جهت ارتباط آن با حقیقت کلّ مورد مطالعه قرار دادند.

اخوان‌الصفا در مسائل ماقبل تاریخ و علوم، تا آنجا که مرتبط به منطق و علوم طبیعی است، تحت تأثیر افکار ارسطو بودند و در فرضیه‌های مربوط به اعداد و نشئت خلقت تحت تأثیر افکار فیثاغورثیان جدید و نوافلاطونیان قرار داشتند؛ در تاریخ طبیعی، تحت تأثیر بطلمیوس و در انسانیات و طب تحت تأثیر جالینوس می‌بودند. دیتریسی معتقد است که فکر ترکیب و تألیف، به‌طور کلی، در نتیجهٔ کمال مطلوب قوی بر اساس وحدت وجود برای آن‌ها پیدا شد؛ چه عقیده داشتند کمال بر اثر ترکیب فلسفهٔ یونان با قوانین مذهبی حاصل می‌شود.

اخوان‌الصفا از این جهت جانشینان الکندی و فارابی و پیشروان ابوعلی سینا بودند. این روش فلسفی، که حکمت عرب نامیده می‌شود، از شرق به اسپانیا رفت، توسط ابن‌رشد تحول یافت، به اروپا منتقل گشت و کلام عیسوی را به وجود آورد. دیتریسی گوشزد می‌کند که این حکمت باعث بازگشت عصر مشائی طریقهٔ ارسطو شد و عنصر نوافلاطونی را پس زد.

«ابن‌رشد با بالا بردن پرچم فلسفه و موضع‌گیری در برابر ابوحامد غزّالی همهٔ همت خود را در دفاع از اندیشه‌های ارسطو به کار می‌برد و البته این بدان جهت است که در نظر او فلسفه جز اندیشه‌های ارسطو چیز دیگری نیست».[۱۲] به همین علت است که عنوان «مدافع فلسفه» در نظر همگان، ثانی ابن‌رشد است، اما «کسانی که با آثار خواجه نصیرالدّین طوسی آشنایی دارند به‌خوبی می‌دانند که نقش این اندیشمند بزرگ در مقام دفاع از فلسفه به‌مراتب بیش از ابن‌رشد بوده است.» کما اینکه

---

۱۲. غلامحسین ابراهیمی دینانی، نصیرالدّین طوسی فیلسوف گفت‌وگو، تهران: هرمس، ۱۳۸۶، ص ۱۰.

«خواجه نصیرالدّین طوسی وقتی در مقابل شهرستانی موضع می‌گیرد، از تفکر فلسفی دفاع می‌کند» و نه از آرای یک فیلسوف خاص.[۱۳]

خواجه نصیرالدّین طوسی

همهٔ این چالش‌ها و بحث‌ها و مناظره‌ها، منجر به یاد گرفتن سنت فکری باروری شد که در تفکر شیعی به اوج خود رسید. نمونهٔ بارز این تفکر نقّادانه کسی نیست جز خواجه نصیرالدّین طوسی که به تعبیر دینانی «یکی از بزرگ‌ترین دفاع‌کنندگان از مقام فلسفه در جهان اسلام است».[۱۴]

همچنان‌که در ابتدای سخن آمد و غلامحسین دینانی نیز به آن اشاره دارد: «شخص واقع‌بین و ژرف‌اندیش راه جدال نمی‌پوید و به جای اینکه از صناعت جدل سود جوید در طریق برهان قدم می‌گذارد»[۱۵] و خواجه نصیر چنین بود. او در زمانه‌ای که متکلّمان در پی جدال و مغالطه بودند، راه اثبات از طریق برهان را برگزید. «او با جایگزین کردن برهان به جای جدال و سفسطه، علم کلام را، تا آنجا که امکان داشت، فلسفی کرد و از این طریق نه‌تنها به پیشرفت علم کمک کرد، بلکه توانست فلسفه را نیز از انزوا و مهجوری خارج کند».[۱۶]

خواجه نصیر با این کار خود، باعث شکوفایی و گسترش علم کلام شد و زمینه را برای فلسفه در علوم اسلامی مهیا کرد، چه اگر او و این کار سترگش نبود، معلوم نبود که فلاسفه‌ای که بعدها آمدند، همچون ملاصدرا، بتوانند این‌چنین پرچم تفکر را برافرازند؛ فیلسوفی که دور بعدی تفکر نقادانه در ایران با او شروع و شکوفا شد.

---

۱۳. همان، ص ۱۱.
۱۴. همان.
۱۵. همان، ص ۱۲.
۱۶. همان.

کتابنامه

ابراهیمی دینانی، غلامحسین. **نصیرالدّین طوسی فیلسوف گفت‌وگو**، تهران: هرمس، ۱۳۸۶.

ابوریحان بیرونی. **آثارالباقیه** (گزارش همین عبارات بیرونی را محمّد معین نیز در رسالهٔ دکتری خود، **مزدیسنا و ادب پارسی**، دیباچه، ص ۱۵، از ترجمهٔ محمّد قزوینی نقل می‌کند).

براون، ادوارد. **تاریخ ادبی ایران**، ترجمهٔ علی پاشا صالح، تهران: وزارت فرهنگ، ۱۳۳۳.

جهانگیری، محسن. «پیدایش علم کلام و منزلت آن در میان علوم»، مجلهٔ **معارف**، دورهٔ ۵، شمارهٔ ۳، آذر ـ اسفند ۱۳۶۸، ص ۷۹ و ۸۲.

رسالهٔ اخوان‌الصفا، رسالهٔ بیست و دوم، «محاکمهٔ انسان و حیوان» (نقل از قصیدهٔ چون و چرا)، به قلم آقای مینوی در مجلهٔ **یادگار**، سال ۲، شمارهٔ ۸، ص ۹.

کریستن‌سن، آرتور. **ایران در زمان ساسانیان**، ترجمهٔ رشید یاسمی، تهران: ابن‌سینا، ۱۳۴۵.

نگاهی به شیوهٔ آموزش قدمایی

درآمد

شیوهٔ آموزش شفاهی، که متکی به حافظه است، و روش «بخوان و بنویس»، که از دوران کهن به یادگار مانده، با جهانی که امروزه تصویر در آن نقش اساسی را بازی می‌کند سازگار نیست. ناکارآمدی چنین روشی به اثبات رسیده است. به سبب دامنهٔ تنگ و محدود چنین روشی، که کسب معرفت در آن نقش رنگ‌باخته‌ای دارد، ایجاب می‌کند تا مؤسسات و مراکز آموزشی برای پر کردن چنین ورطه‌ای آستین بالا کنند. حکمت اسلامی، که پشتوانهٔ استدلالی و معرفتی انسان اسلامی بوده است، امروزه نیز می‌تواند در همهٔ سطوح سنی و آموزشی چنین نقشی را در جهان معارضه‌آمیز کنونی بازی کند.

۱. تمهید مقدمه

اگرچه تا پیش از سقراط تعدادی از حکمای یونانی دربارهٔ ماهیت هستی به چون و چرا پرداخته بودند، مباحث فلسفی عملاً با سقراط

شروع شد. معرفت تا پیش از سقراط بیشتر به شناخت طبیعت گرایش داشت؛ از همین رو، حکمای اولیه را «کاوشگران» طبیعت می‌شناختند. اما با سقراط تفکر عقلی جای خود را باز کرد و اسطوره جای خود را به اندیشهٔ واقعی داد. سقراط سر و کار داشتن با فلسفه را «تمرینی برای مرگ» می‌دانست. فلسفه منشأ خود را گفت و شنود یا پرسش و پاسخ می‌داند که با سقراط آغاز شده است. افلاطون، شاگرد نامدار سقراط، اندیشه‌های استادش را به شیوهٔ گفت‌وشنود نشر داد. در این مناظرات فلسفی، سقراط به روش محاوره می‌کوشد تا جهل مدعیان را بر آن‌ها آشکار کند.

ارسطو، در مدرسهٔ خصوصی خود، در سایهٔ درختان، راه می‌رفت و درس می‌گفت. به همین سبب است که به شاگردان او «راه‌روندگان» [peripaticie] یا مشائیان نام داده‌اند. ارسطو در این مدرسه دو نوع درس می‌گفت. یک نوع، که دشوارتر بود، همه‌روزه، صبح‌ها، برای «رازآشنایان» می‌گفت؛ تنی چند برگزیده که ظرفیت فهم و درک بیشتری داشتند. اما نوع دوم، تدریس عمومی‌تر بود و با روش پرسش و پاسخ صورت می‌گرفت، به شیوهٔ محاوره و با زبان ساده و قابل فهم. ارسطو با آنکه آثار خود را به صورت رساله تدوین کرده است، اصل مناظره را، که سقراط بانی آن بود، برای آموزش فلسفی مناسب‌تر می‌دانست.

بعدها، در مدارس فلسفه، باب گفت‌وگو را باز نگه داشتند تا تمرینی باشد برای تشحیذ ذهن، تسلط بر موضوع، و یافتن راه‌های اقناع و حتی از میدان به در کردن حریف. هنوز این روش مناظره در مدارس فلسفه اعمال می‌شود. از این جهت، شاگردان فلسفه همواره همه فن حریف و خوش سر و زبان بوده‌اند. منظور از مناظره اساساً روشن ساختن حقیقت و به کرسی نشاندن آن بود؛ همان روشی که سقراط در

آن استاد بود. هرچند بعدها خود مناظره و مباحثه و مجادله به مهارتی فنی تبدیل گشت که همواره هم با حقیقت مرتبط نبود. هنوز اصطلاحاتی نظیر «ان قُلت» یا «لا نُسَلِّم» در خاطره‌ها طنین‌انداز است. سعدی، که یکی از تربیت‌شدگان مدرسهٔ نظامیهٔ بغداد است، اشاره به همین فرایند دارد وقتی که می‌گوید:

فقیهان طریق جدل ساختند
لَم و لا نُسَلِّم درانداختند

نظر به همین شیوهٔ صحبت آوردن بود که به این گروه «اهل قال» نام داده بودند و فرق قائل می‌شدند بین آن‌ها و دسته‌ای که با بحث و جدل میانه‌ای نداشتند و «اهل حال» خوانده می‌شدند.

تعلیم در مدارس و دانشگاه‌های قرون وسطی نیز، که تحت تأثیر آموزش حکمی در اسلام شکل گرفته بود، از دو راه صورت می‌گرفت: راه درس و راه بحث. درس آن بود که فقط مدرّس سخن بگوید و اقوال استادان و مشایخ را تفسیر و توضیح کند؛ در بحث شاگردان و استادان آزادانه به مذاکره می‌پرداختند و دلایل موافق و مخالف را در یک مسئله به میان می‌آوردند.

۲. نظری به پیشینهٔ تاریخی

فلسفه از کلمهٔ یونانی فیلوسوفیا، به معنی عشق به حکمت، است. علم به حقایق اشیا و روابط آن‌ها با یکدیگر، فهم ارزش‌ها و مفاهیم، شناختن نفس انسان، و کسب بصیرت در تعیینِ مقاصدِ او را فلسفه می‌نامند. عالِم فلسفه فیلسوف، یعنی دوستدار حکمت، خوانده می‌شود.

منظور از فلسفه وصول به حقیقت است، گرچه در تعریف آن و در وصول به آن تردیدهایی وجود داشته باشد. تغییرات در برداشت‌های فلسفی نیز نمایشگر امکانات معنوی انسان و همچنین منعکس‌کنندهٔ آن

چیزهایی است که طی یک عمر در دسترس انسان قرار داشته است. فلسفه، چنانچه از تعریفش می‌توان استنباط کرد، معرفت نظری است، هرچند برخی از شاخه‌های آن، مانند اخلاق و سیاست، مشتمل بر مباحث عملی می‌شود.

فلسفه، در قرون میانه، هم در عالم اسلام و هم در عالم مسیحیت، در خدمت دین بوده است. با آنکه در عالم اسلام حکمت و کلام از هم جدا و در فلسفهٔ مدرسی الاهیات و فلسفه از یکدیگر مجزا بوده است، حکمای اسلام و مسیحیت در قرون میانه نتوانستند در عمل فلسفه‌ای که مستقل از نفوذ دین باشد یا برای اثبات اصل و حقایق دینی به کار نرفته باشد به وجود آورند.

فلسفهٔ یونانی از راه مکاتب فلسفی سُریانی‌مسیحی به اسلام راه یافت. در مکتب رها (ادسا)، فلسفهٔ یونانی به وسیلهٔ سُریانیان نسطوری تعلیم می‌شد. در تاریخ ۴۸۹ میلادی، زنون، امپراتور روم شرقی، به فعالیت‌های علمی و دینی نسطوری‌ها در ادسا پایان داد. علما و فلاسفهٔ نسطوری بیشتر به ایران پناه بردند و از حمایت ساسانیان برخوردار شدند. در مدرسه‌های نصیبین و جندی‌شاپور به‌خصوص طب یونانی و آموزه‌های بقراط تعلیم می‌شد. و همین طب بود که در نتیجهٔ تشویق خلفای عباسی به عالم اسلام راه یافت.

سُریانی‌ها فلسفهٔ ارسطو را در مدرسهٔ رأس‌العین و قنسرین نیز تعلیم می‌دادند. و سرجیوس رأس‌العینی[۱۷] مقولات ارسطو و ایساغوجی فرفوریوس را به سُریانی ترجمه کرده بود. در قنسرین، یعقوب رهاوی[۱۸] کتب فلسفی را از یونانی به سُریانی برگرداند. پس از آنکه اسلام در سراسر آسیای غربی مستقر شد، سُریانیان مسیحی عهده‌دار ترجمهٔ

۱۷. متوفی ۵۳۶ م
۱۸. متوفی ۷۰۸ م

کتاب‌های علمی و فلسفی یونانی از سریانی به عربی شدند.

دورهٔ ترجمهٔ کتاب‌های یونانی، از زبان‌های یونانی و سُریانی به عربی، حدود دویست سال طول کشید. طی این مدت، کتاب‌های بسیاری از علوم و فلسفهٔ یونانیان به عربی ترجمه شد. بسیاری از این ترجمه‌ها را دقیق و برخی را متوسط ارزیابی می‌کنند. اما به طور کلی می‌توان گفت که مترجمان از دقت و صداقت در کار ترجمه برخوردار بوده‌اند. کتاب‌های ارسطو، به جز سیاست، به عربی ترجمه شد. از کتاب‌های افلاطون رساله‌های نوامیس و جمهور و تیمایوس ترجمه شد. دو کتاب در این دوره به نام ارسطو ترجمه شد که در واقع از ارسطو نبود، هرچند در تکوین فلسفهٔ اسلام نقش مهمی داشت. یکی از آن‌ها اتولوجیای ارسطو (علم الاهی ارسطو) بود که در واقع ترجمهٔ کتاب‌های چهارم و پنجم و ششم از تاسوعات فلوطین بود. دومی هم کتابی از پروکلوس بود که به ارسطو نسبت داده شده بود. این دو کتاب، که مشتمل بر اصول فلسفهٔ مکتب نوافلاطونی بود، این فلسفه را به نام فلسفهٔ ارسطو در عالم اسلام شایع ساخت. و نتیجه آن شد که رکن مهمی از فلسفهٔ اسلام مخلوطی از فلسفهٔ ارسطو و نوافلاطونی باشد.

برخی از دانشمندان اسلامی، که از عقاید و افکار یونانی متأثر شدند، کوشیدند تا آن را کاملاً تابع عقاید اسلامی سازند. این دسته از دانشمندان جزو علمای کلام محسوب می‌شوند. فیلسوف، به معنی واقعی کلمه، در میان مسلمانان کسی است که خواسته است فلسفه را مستقل از عقاید دینی اسلام بررسی کند، اگرچه برای تطبیق فلسفه با دین کوشیده باشد.

نخستین فیلسوف بزرگ اسلامی یعقوب ابن اسحاق کندی است که از اهل بصره و از قبیلهٔ کنده بود. کتاب معروف او دربارهٔ عقل در

قرون میانه به لاتین ترجمه شد و به نام **اینتلکتو** معروف است. از همین کتاب است که عقل به اقسام عقلِ فعّال و عقل هیولایی و عقل بالفعل و عقل مستفاد یا عقل استدلالیَ تقسَیم شده است. او معتقد بود که وحی و عقل از راه‌های مختلف به یک نتیجه می‌رسند. همچنین او معتقد بود که ایجاد عالم هستی را از نیستی مطلق می‌توان به طریق عقلی ثابت کرد.

دومین فیلسوف عالم اسلام را می‌توان محمد بن زکریای رازی، طبیب مشهور، دانست. او عقایدی مستقل از دیگران داشت و در حالی که کندی و فارابی از پیروان ارسطو بودند، او خود را افلاطونی می‌خواند. او فلسفه را تنها راه سعادت و نجات می‌دانست.

فارابی را حکمای اسلام به نام معلم ثانی می‌شناسند [در برابر ارسطو که معلم اوّل بوده است]. به عقیدهٔ او، تعالیم دینی تعلیم حقایق از راه رموز و اشارات است و تعالیم فلسفی تعلیم از راه تعقل و استدلال. از یک جهت می‌توان گفت که او حدّ میانه را بین کندی و رازی گرفته است.

ابوعلی سینا بزرگ‌ترین مؤلف فلسفه در عالم اسلام قلمداد می‌شود. کتاب **شفای** او شامل دوره‌های منطق و الاهیات و طبیعیات و ریاضیات است. در حکمت نظری، او فلسفه را مستقل از دین بررسی می‌کند، گرچه می‌کوشد که این حکمت منافاتی با دین اسلام نداشته باشد. او حکمت عملی و علم اخلاق را به دستورهای شرعی حواله داده است.

فلسفه، در عالم اسلام، با ظهور بزرگانی مانند فارابی و ابن‌سینا تقریباً شامل جمیع شعب علوم عقلی شد. فلسفه به صورت اصلی درآمد که کلیهٔ علوم مثبتهٔ دیگر از آن منشعب می‌شوند. در تعریف آن گفته‌اند: «الفلسفه هی العلم باحوال اعیان الموجودات علی ماهی‌علیه فی نفس‌الأمر بقدر طاقه البشریه» [فلسفه علم به احوال عین و ذات موجودات عالم است، چنان‌که در واقع و نفس‌الامر هستند، به اندازهٔ

طاقت و امکان بشری]. و چون موضوع علوم دیگر همه جزو اعیان موجودات [یعنی موجودات خارجی] است، پس فلسفه شامل همهٔ علوم است.

در وجه تقسیم فلسفه به حکمت عملی و حکمت نظری، می‌توان گفت: موجودات خارجی، که موضوع فلسفه است، یا به قدرت و اختیار ما موجود می‌شوند یا وجود آن‌ها خارج از حیطهٔ اقتدار ماست. آنچه به قدرت و اختیار ما موجود می‌شوند همانا اعمال ماست، و این اعمال انسانی موضوع حکمت عملی است، و آنچه وجودش خارج از حیطهٔ اقتدار ماست موضوع حکمت نظری است.

موضوع حکمت عملی [اعمال انسان] یا مربوط به شخص انسان است یا مربوط به خانوادهٔ ایشان یا مربوط به امور شهر و مملکت. پس علم به امور مربوط به شخص انسان و اصلاح او علم اخلاق یا تهذیب اخلاق یا حکمت خُلقی نامیده می‌شود؛ علم مربوط به خانواده و اصلاح آن علم تدبیر مزل [اقتصاد] و علم مربوط به امور شهر و مملکت علم سیاست مدنیه یا سیاست مُدُن یا علم سیاست خوانده می‌شود.

موضوع حکمت نظری [موجودات خارجی بیرون از اقتدار انسان] یا در خارج و در ذهن بی‌نیاز از ماده است یا در ذهن بی‌نیاز از ماده و در وجود خارجی محتاج ماده است یا آنکه هم در ذهن و هم در خارج نیازمند به ماده است. علم به موضوعاتِ نخستین علم الاهی و فلسفهٔ اولٰی و فلسفهٔ مابعدالطبیعه است، علم به موضوعات دوم علم اوسط یا علم ریاضی است، و علم به موضوعاتِ سوّم حکمت طبیعی.

بزرگ‌ترین ضربه به فلسفه در عالَم اسلام، و به‌خصوص در میان اهل سنت، از طریق حجت‌الاسلام امام محمّد غزّالی وارد آمد. او در کتاب مشهور **تهافةالفلاسفه** به نقد و ردِّ عقاید فلاسفه پرداخت و فلاسفه

را به جهت انکار معاد جسمانی و قائل بودن به قدمت عالم، و منحصر دانستن علم خداوند را به کلیات، تکفیر کرد. او استدلال را تنها راه وصول به حقیقت ندانست و برای کشف و شهود عرفا و متصوّفه مقام مهمی در وصول به معرفت قائل شد. ضربهٔ غزّالی ضربهٔ نهایی بود و با آنکه ابن‌رشد در رسالهٔ **تهافة‌التهافه** انتقادات غزّالی را به نحو متقن پاسخ گفت، فلسفه دیگر رونق عصر فارابی و ابن‌سینا را باز نیافت.

دورهٔ انحطاط فلسفه: با همهٔ قدرت علمی و فکری و شهرت عظیم فلاسفهٔ اسلام، فلسفه نتوانست مقامی را که در یونان و قرون میانه و قرون جدید اروپا داشت در عالم اسلام به دست بیاورد. فقها و محدثان و علمای کلام اهل سنت مخصوصاً به آن با بدبینی می‌نگریستند.

پس از ابن‌رشد، فلسفه در میان اهل سنت از رواج افتاد و فقط میان شیعیان به حیات خود ادامه داد. در مشرق عالم اسلامی، در میان اهل سنت، تنها امام فخر رازی را پس از غزّالی می‌توان فیلسوف مهمی به حساب آورد؛ هرچند او نیز فلسفه را در خدمت کلام و عقاید و مجادلات دینی درآورد.

در میان شیعیان، نخستین فیلسوف بزرگ بی‌شک خواجه نصیرالدّین طوسی، از علمای بزرگ قرن هفتم، است. خواجه نصیرالدّین در فلسفه تابع ابن‌سینا و به‌اصطلاح از مشائیان است. او در **شرح اشارات** خود توانسته است به‌خوبی آرای ابن‌سینا را در منطق و فلسفهٔ الاهی شرح کند. خواجه نصیر نخستین فیلسوفی است که علناً از تشیع دفاعی کرده است و مشهورترین کتاب کلام شیعه را موسوم به **تجریدالکلام** تألیف کرده است. شهرت این کتاب بسیار بود؛ تا آنجا که علاّمه حلّی آن را شرح کرد. از معاصران خواجه نصیر، کسی که مذاق نوافلاطونی داشته، باباافضل کاشانی است که کتب فلسفی خود را به فارسی تألیف کرده است.

در قرن هشتم و نهم، فلسفه به‌کندی در ایران به سیر خود ادامه داد و آگاهان به فلسفه آن را بیشتر به صورت کلام نوشته‌اند؛ احتمالاً به دلیل آنکه از گزند دشمنان فلسفه در امان باشند.

تجدید حیات فلسفه در ایران و عالم تشیع با ظهور صدرالدین محمد ابن ابراهیم شیرازی، مشهور به ملاصدرا، که شاگرد میرداماد بود، صورت گرفت. ملاصدرا در توفیق و تطبیق عقاید دو مکتب مشّاء و اشراق و بسط آن دو با عرفان نظری محیی‌الدّین ابن‌عربی و عرضه کردن فلسفه‌ای بر پایهٔ اصل وحدت وجود توانست شهرت و اعتبار فلسفه را در ایران به مقامی که در زمان فارابی و ابن‌سینا بوده است برساند. کار مهم دیگر او تطبیق اصول مذهب تشیع با فلسفه است و این کار را او با شرحی که بر اصول کافی نوشته انجام داده است.

۳. سلمان فارسی چه می‌جست؟

مناظرهٔ فلسفی در ایران سابقه‌ای کهن‌تر از دوران اسلامی دارد. هنگامی که در سال ۵۲۹ میلادی مدرسهٔ فلسفهٔ آتن تعطیل شد و بر حکیمان آن مدرسه سخت گرفتند، هفت تن از حکیمان آن، که بعدها به «حکمای سبعه» شهرت یافتند، بر اثر فشار حکومت مسیحی و کشیشان ناخشنود از درس فلسفه، به ایران پناه آوردند. از این حکیمان در دربار خسرو اوّل انوشروان استقبال گرمی شد. یکی از آن‌ها معلّم فلسفهٔ انوشروان شد و یکی دیگر بخشی از منطق ارسطو را به زبان سُریانی برای پادشاه ایران ترجمه کرد. آن‌ها در حضور انوشروان به مناظرات فلسفی می‌پرداختند و حدس زده می‌شود که این مناظرات رنگ مذهبی داشت.

کریستن‌سن، که تاریخ این دوره را در کتاب ایران در زمان ساسانیان ثبت کرده است، تصریح می‌کند که انوشروان نسبت به «عقاید مختلف

دینی و مذاهب فلسفی وسعت مشرب» نشان می‌داد. او حتی به موضوعات بحثی که انوشروان در این مجالس می‌افکند و با حضور موبدان برگزار می‌شد نیز اشاره می‌کند: آیا عالم نامتناهی است؟ آیا جهان را علتی یگانه است؟ و مانند این‌ها.

آشنایی ایرانیان با تفکر یونانی به غنای اندیشه در آن دوره کمک کرد. ایرانیان روشمندیِ تفکر یونانی را برگرفتند، اما به ذوق و پسند فرهنگی خود وفادار ماندند. عناصر برگرفته از یونانیت پوسته‌ای مناسب برای مغز فرهنگ ایرانی شد. بعدها، در دورهٔ عباسی، که برخی از این آثار به عربی ترجمه شد و چشم‌ها را خیره کرد، چنین دریافتی سردست آمد.

اساساً روابط میان دو فرهنگ، فرهنگ یونانی [غربی] و فرهنگ ایرانی [شرقی]، همواره آمیخته به رقابت تاریخی بوده است؛ رقابتی که لازمهٔ بقا بود. این رقابت در برخی از مراحل حتی رنگ معارضه می‌گرفت و زمینه‌ای فراهم می‌آورد برای هماوردی. این هماوردی طولانی هم روم و هم ایران را در جنگ‌های بی‌ثمر فرسایشی عاقبت از پای درآورد.

هنگامی که برزویهٔ طبیب دربارهٔ رهاورد خود از سفر به هندوستان، به گونه‌ای افسانه‌آمیز، دادِ سخن می‌دهد، به نظر می‌آید که در جست‌وجوی دستمایه‌ای مناسب برای پشتوان فرهنگ ایرانی است و بر آن است تا به نیازی اصیل پاسخ دهد. ایرانیان این پشتوانه را در **کلیلگ و دمنگ** یافتند. بهای افزونی دادن به این کتاب جذّاب به نوعی کاستن از تأثیر محصولات فرهنگی یونانی بود که طی چند سده، پس از حملهٔ اسکندر، ایران را زیر ضربات خود داشت.

کارشناسان فرهنگ اغلب بر این عقیده اتفاق نظر دارند که

ایرانیان، به‌طبع، تفکر یونانی را باب پسند خود نمی‌یافتند. درنتیجه، جدال با فرهنگ یونانی توسط ایران [که خود را منادی فرهنگ شرقی می‌دانست و یونان را عامل فرهنگ غربی] سابقه‌ای طولانی دارد. هم رومن گیرشمن و هم کریستن‌سن، که هر دو در زمینهٔ عهد ساسانی تتبّع کرده‌اند، بر این نکته وقوف کامل و نظر مشابه دارند. گیرشمن در کتاب ایران از آغاز تا اسلام معتقد است که پارسیان این وظیفهٔ سنگین را پذیرفتند که دفاع از تمدن مشرق را برعهده بگیرند. ایرانیان همچون سپری عظیم در برابر تهاجم اقوام بدوی از یک‌سو و در برابر رومیان از سوی دیگر ایستادند تا به دفاع از مواریث تمدن شرق بپردازند. کریستن‌سن استقبال پرشوری را که ایرانیان از نتیجهٔ ممتاز فکر هندی، یعنی کلیلگ، نشان دادند، به آن سبب می‌داند که این کتاب «در عرضه کردن مطالب اخلاقی شبیه آن نوع ادبیاتی بود که ایرانیان عهد خسرو دوست می‌داشتند»، یعنی اندرزنامه‌ها که حاوی حکمت عملی و شیوهٔ زیستن کامیابانه است؛ هم این‌جهانی و هم آن‌جهانی. به هر حال، در شرح حال برزویهٔ طبیب مطالبی دربارهٔ حیات بشری و امور اجتماعی و اخلاق حمیده مندرج است که حکایت از تشویش و اشتیاق یک روح حقیقت‌جو می‌کند؛ روحی که هرسو در پی مقصود خویش می‌رود و نمی‌یابد. برزویهٔ طبیب، به نوعی، نمونهٔ اوّلیه و مقدماتی روح حقیقت‌جوی دیگری است که سده‌ای بعد در صحاری سوزان عربستان دربه‌در می‌گشت تا عاقبت مقصود خود را بازیافت: سلمان فارسی.

۴. تجزیهٔ امپراتوری اسلام

در قرن چهارم هجری، ادارهٔ امپراتوری اسلامی به حالت قبل از فتح عرب بازگشت. دولت‌های جداگانه‌ای که متعاقب تجزیه‌ها پدید آمدند، دیلمیان را در طبرستان و گرگان و نصربن احمد سامانی را در خراسان

به قدرت رساند. تنها بغداد بود که در دست خلیفه ماند. سیاحان آن عصر، چون ابن‌حوقل، بر فضایل و دادگری و کارهای نمایان سامانیان و عظمت و استقلال قلمرو ایشان گواهی داده‌اند. حال آنکه در بغداد کار دگرگونه بود. از سال ۳۱۵ به بعد، که عیاران نخستین بار در آنجا فتنه و فساد انگیختند و دست به تاراج زدند، به موازات ضعف حکومت‌ها، کار فتنه‌گری نیز بالا گرفت. با این همه، نهضت علمی اسلام در عصر اوّل خلافت عباسی آغاز شد. هرچند مقدمات آن در اعصار گذشته فراهم شده بود، به‌خصوص در دورهٔ خسرو اوّل انوشروان. نهضت علمی و فرهنگی اسلام بر اثر آمیزش فرهنگ‌های مختلف و نتیجهٔ کوشش ملت‌های متعددی است که در زیر لوای این دین درآمده بودند. سهم ایرانیان در این نهضت نمایان است. این دوره را از آن جهت که ادارهٔ امور آن در دست وزیران و دبیران و سرداران ایرانی بود، دورهٔ نفوذ ایران نیز خوانده‌اند. بیت‌الحکمهٔ بغداد، که مأمون ان را برای گسترش بضاعت علمی تأسیس کرده بود و بعضی از دانشمندان ایرانی آن را سرپرستی می‌کردند، شهرت بسیار یافت. دو فرهنگ یونانی و ایرانی، در حوزه‌های معرفتی و ادبی اسلام، تأثیر ماندگاری به‌جا گذاشتند. به‌طورکلی می‌توان گفت که تأثیر فرهنگ یونانی بیشتر در علوم عقلی بود و اندیشهٔ ایرانی بیشتر در فنون ادبی و نظام اداری و زندگی اجتماعی و برخی دانش‌ها، مانند نجوم، تأثیر داشته است. ابن‌مقفع و خاندان نوبختی، با ترجمهٔ آثار پهلوی در حوزهٔ معارف و دانش فنی ایران گذشته، به غنای فرهنگی اسلام خدمات شایانی کردند.

تنوع قومی با خود تنوع فرهنگی آورد و توسعهٔ معارف سبب گرایش‌های فکری مختلف شد. متکلّمان ناگزیر شدند برای معارضه با رقیبان فنون مناظره را فرابگیرند. مساجد، در عین حال، محل تدریس

نیز بود و برای این منظور مناسب نبود، زیرا مسجد، به دلیل حرمتی که داشت، میدان مجادله و آزادی بیان لفظی را تنگ می‌کرد. همسو با پیدایش افکار جدید منزلت علما نیز بالا رفت.

علی بن یحیی منجم، که همنشین خلفا بود، در نیمهٔ قرن سوم هجری، کتابخانه‌ای بزرگ در ملک شخصی خود ساخت و آن را خزانة‌الحکمه نامید. مردم از شهرهای دور و نزدیک به آنجا می‌رفتند، در همان‌جا اقامت می‌کردند، و به مطالعه می‌پرداختند. نه‌تنها استفاده از کتاب در خزانة‌الحکمه رایگان بود، بلکه هزینهٔ اقامت آن‌ها طی دوران مطالعه و تتبع نیز از جیب علی بن یحیی پرداخت می‌شد. در سال ۳۸۳ هجری، ابونصر شاپور بن اردشیر، وزیر آل‌بویه، در کرخ بغداد، دارالعلمی بنیاد نهاد و کتابخانه‌ای که گرد آورده بود به آنجا انتقال داد؛ از جمله صد نسخه قرآن خوش‌خط و ده‌هزار و چهارصد مجلّد کتاب از هر دستی که گویند غالباً به خط مؤلف بود. نظارت و مراقبت و نگهداری این کتابخانه را به دو تن از رجال علوی و یک قاضی سپرده بودند. ابن‌اثیر می‌نویسد که ارزش کتاب‌های مزبور خصوصاً در صحت و دقت و سندیت آن‌ها بود.

هم‌زمان در مصر نیز، عین همین مؤسسات به وجود آمد. عزیزبالله، خلیفهٔ فاطمی، در ۳۷۸ هجری قمری، خانه‌ای در کنار مسجد ازهر خرید و آن را به ۳۵ دانشمند اختصاص داد. آنان هر جمعه، بین نماز ظهر و عصر، مجلس علمی برپا می‌کردند. جامع‌الازهر امروزه دنبالهٔ همان است. دارالعلم [یا دارالحکمه] قاهره در ۳۹۰ هجری گشوده شد و کتاب‌های کاخ‌ها را به آنجا منتقل کردند. همگان می‌توانستند به آنجا بروند، نسخه‌برداری کنند یا به مطالعهٔ کتاب بپردازند. چند کتابدار و دربان و حقوق‌بگیر موظف برای تدریس داشت. در این مؤسسه، مرکب

و قلم و قلمدان و کاغذ به‌رایگان در اختیار مردم گذاشته می‌شد و هزینهٔ آن، طبق سیاههٔ بودجه‌ای که باقی مانده است، سالانه به ۲۵۷ دینار مغربی بالغ می‌شده است. در این سیاهه، اقلامی آمده است که ذیلاً ارائه می‌شود: کاغذ، کتابدار، فراشان، نوشت‌افزار، تعمیر و صحافی کتاب، آب، حصیر آبادانی، زیلوی زمستانی، تن‌پوش [خادمان] و تعمیر پرده.

اما هنوز بیشتر مجالس فقه و کلام در مساجد دایر می‌شد. مستمعان گرد مدرّس حلقه می‌زدند. مدرّس بر یکی از ستون‌های مسجد تکیه می‌زد و درس می‌گفت. چنان‌که گویند ابراهیم بن محمد نقطویه[۱۹]، فقیه سرشناس، پنجاه سال به یک ستون تکیه می‌زد و تدریس می‌کرد و در طول این مدت جایش را عوض نکرد.

مقدسی، در مسجد جامع قاهره، ۱۲۰ حلقهٔ درس شبانه را شمار کرده است. حتی در زمستان بغداد، در سال ۳۱۴ هجری، که هوا بسیار سرد شد و دجله یخ بست، ابوزکره محدث در موصل، وسط دجله، روی یخ، مجلس درس برقرار کرد و به املای حدیث پرداخت. علم کرامت داشت و اجر معنوی تدریس چنان بالا بود که تعطیل برنمی‌داشت.

شمار طالبان علم از تعداد قلمدان‌هایی که پیش دست می‌گذاشتند معلوم می‌شد. دوات مهم‌ترین دست‌افزار طالب علم بود. رسم بود وقتی عالمی وفات می‌یافت، شاگردانش در عزای او قلم و دوات می‌شکستند. دوات گاه به حربه هم تبدیل می‌شد. وقتی جریر طبری، مورّخ معروف، به بغداد آمد و در میان جمع، بدون رودربایستی، نظرش را دربارهٔ احمد بن حنبل بیان کرد، شاگردان متعصب حنبل او را دوات‌باران کردند.

دارالعلم‌های جدید با کتابخانه‌های سابق، که خزانةالحکمه نامیده می‌شد، تفاوت داشتند. این دومی‌ها فقط مخزن کتاب بودند، در حالی

---

۱۹. متوفی ۳۲۳ ه‌ق

که کتابخانه جزئی از دارالعلم محسوب می‌شد. دارالحکمه دسترسی به کتاب را برای اهل کتاب میسر کرد. این دارالحکمه‌ها شامل مسکن برای سکونت طلاب هم می‌شد و استاد و شهریه داشتند.

دارالحکمه، که ظاهراً به قصد تعلیم و ترویج مبادی اسماعیلیه [که از آن به حکمت تعبیر می‌شد] تأسیس گردید، بعدها عنوان عمومی مؤسساتی گشت که هدفشان آموزش حکمت بود. این مؤسسه، غیر از استعمال بر محل‌های مخصوص تجمع علمای فنون و علوم مختلف و مجالس مناظره، شامل کتابخانه و قرائت‌خانه نیز بود، و داعی‌الدعاة مصر بر همهٔ آن‌ها نظارت داشت. در دارالحکمه غالباً هفته‌ای دوبار علمای مختلف جمع می‌آمدند و به بحث و مناظره می‌پرداختند. دارالحکمهٔ قاهره کتابخانه‌ای داشت که به‌تدریج وسعت یافت، چنان‌که چهل سال پس از تأسیس، تعداد کتاب‌های نجوم و معماری و فلسفهٔ آن به ۶۵۰۰ جلد می‌رسید. این دارالحکمه در عهد خلافت مستنصر غارت شد. با انقراض خلافت فاطمی، در ۵۶۷ هجری، به کلی بسته شد و صلاح‌الدین ایوبی ذخایر و کتاب‌های آن را فروخت.

۵. مدارس و پاسخ به نیازهای نو

تعلیم و تربیت و تحصیل علم و معرفت، که در دورهٔ پیش از اسلام مختص دو گروه اهل دین و اهل دیوان بود، در دورهٔ اسلام به همگان اختصاص یافت. هرکس که استعداد و لیاقتی داشت به سلک هر طبقه‌ای می‌توانست درآید. کتاب‌ها به زبان عربی بود، تعلیم و تعلّم هم به این زبان بود و فرهنگ و معرفت از راه این زبان کسب می‌شد.

در اواخر قرن دوم هجری، یعنی پس از عصر هارون‌الرشید، مقدمات مستقل شدن ایرانیان فراهم شد. ایرانیان تفکر ایرانی را، که با حال و سلیقه‌شان تناسب داشت، با معتقدات و اصول حقایق اسلامی سازش

دادند، زبان فرس جدید را به وجود آوردند، تصوّف و عرفان را بنیاد گذاشتند، فلسفهٔ اسلامی را بسط دادند، و به تازی و پارسی شعر گفتند و کتاب نوشتند. در اواسط قرن چهارم، قوم ایرانی قومی بود صاحب استقلال، شعر، و نثری به زبان خود [هرچند هنوز علمای قوم به عربی می‌نوشتند]. وسایل ترقی آماده شده بود و ملت در راه کمال و معرفت و مکارم اخلاقی و کسب فضایل معنوی افتاده بود.

در چنین فضای پرجوش و خروشی بود که مدارس جدید بنیاد گذاشته شد. تغییر شیوهٔ تعلیم ایجاب می‌کرد که مؤسسات علمی جدید پدید آید. مدرسه، یعنی محل درس خواندن، در ادوار مختلف، در ایران بعد از اسلام، وجود داشت و تا زمان حاضر نیز وجود دارد. مبنای مدارس اوّلیهٔ بعد از اسلام مساجد بود. در ابتدا، که بیشتر توجه به یادگیری امور مذهبی بود، مساجد، در عین اینکه محل برگزاری فرایض مذهبی بود، مدرسه و مکان یاد گرفتن و آموختن هم بود. حلقه‌ها و اجتماعات علمی در مساجد تشکیل می‌شد. اگر در مسجدی یک قسمت معین صورت خاص علمی پیدا می‌کرد و اختصاص به امر دانش‌آموزی می‌یافت، مدرسه نامیده می‌شد. وقتی هم که مدارس کامل به وجود آمد، در آن‌ها منبر و محراب وجود داشت. مدرسه و مسجد از هم تفکیک‌ناپذیر بود. به همین جهت، در ادوار اوّلیهٔ اسلام، در بسیاری اوقات مسجد را به جای مدرسه و مدرسه را به جای مسجد استعمال می‌کرده‌اند.

تاریخ مدرسه در ایران بعد از اسلام به اواخر قرن سوم و اوایل قرن چهارم هجری می‌رسد. ولی مدرسه، با تشکیلات صحیح و منظم، در قرن پنجم هجری به وجود آمد. در شهرهای یزد و نیشابور به مدارس مهم و متعددی، قبل و بعد از نظامیهٔ بغداد، برمی‌خوریم.

به گفتهٔ مورّخ تاریخ نیشابور، نخستین مدرسه‌ای که بنیاد شد، مدرسهٔ ابواسحاق اسفراینی[۲۰] بود.

یکی از علل مهم تأسیس مدارس آن بود که نحوه و موضوع جدید تدریس، بحث و جدل در میان می‌آوَرْد و چه‌بسا مباحثه‌گران از حدود ادب خارج می‌شدند که تخطی از حرمت مسجد بود. به همین منظور فکر کردند که امر تدریس را از حریم مسجد خارج کنند و مؤسسات مستقل دیگری تأسیس کنند؛ تا میدان برای بحث و مناظره و جدل باز باشد. قرن پنجم، آغاز شکوفایی این نوع مؤسسات است که به مدارس شهرت یافتند.

خبرهایی جسته‌گریخته از وجود مدارس در ایران، که حتی پیش از وفات سلطان محمود غزنوی ساخته شده باشد، در دست است. اما مدارس جدید کاملاً متفاوت بودند. این مدارس، به‌اصطلاح این زمان، «شبانه‌روزی» بودند و شاگردان در آن مقیم می‌شدند و ماهانه‌ای از بانی و واقف مدرسه دریافت می‌کردند؛ امری که کاملاً تازگی داشت.

در ادارهٔ نظامیه‌هایی که خواجه نظام‌الملک در دوازده شهر بزرگ حوزهٔ اسلام ساخت، و مشهورترین آن‌ها نظامیهٔ بغداد بود، از چنین شیوه‌ای تبعیت می‌شد. این نظامیه‌ها، با مقیاس‌های امروزی، در حکم مدارس عالی بودند که طلاب پس از فرا گرفتن تحصیلات ابتدایی و مقدماتی اگر استعداد و قابلیتی نشان می‌دادند، در این مدارس به ایشان حجره و مقرری داده می‌شد تا به خرج دولت تحصیل خود را تکمیل کنند.

از قراری که مورّخان می‌گویند برای بنا و نگهداری مدارس و تأدیهٔ مخارج طلاب و استادان و خریداری و استنساخ کتب و سایر مصارف آن‌ها عشر مال سلطان سلجوقی، ملکشاه، صرف می‌شد. معنی این عبارت،

---

۲۰. متوفی ۴۱۸ ه‍ ق

به‌اصطلاح امروزی، این است که خواجه نظام‌الملک یک‌دهم بودجهٔ مملکتی را به امور معارفی اختصاص داده بود. در هر شهر مدارسی بنا کرده بود که حکم مدارس ابتدایی و متوسطهٔ امروزی را داشت و دوازده دانشگاه ساخته بود که عنوان عمومی آن‌ها «نظامیه» بود.

۶ . نظامیه‌ها

نظامیه عنوان عمومی مدارس مشهوری است که به وسیلهٔ خواجه نظام‌الملک طوسی در دوازده شهر بزرگ اسلامی، نظیر بغداد و نیشابور و اصفهان و بلخ و هرات، تأسیس شد. هر مدرسه مسجد و کتابخانه و بیمارستان داشت و در آن استادان و واعظان به تربیت و تعلیم طلّاب موظف و مشغول بودند.

ادارهٔ امور این مدارس به دست متولیانی بود که به انتخاب خواجه و صواب‌دید او و به فرمان سلطان تعیین می‌شدند. این استادان و مُعیدان و واعظان همگی از بین مشاهیر علمای عهد انتخاب می‌شدند، چنان‌که کتابداران آن‌ها نیز همواره از علما و ادبای بزرگ و نامدار بودند. تصدّی و تولّی نظامیهٔ اصفهان با آل‌خجند، تصدی امور نظامیهٔ نیشابور با امام‌الحرمین جوینی بود، تولیت نظامیهٔ بغداد را معمولاً اعقاب خواجه داشتند.

اهمیت کار خواجه آن‌گاه معلوم می‌شود که بدانیم سلاطین سلجوقی غالباً خوی بیابانی داشتند و از علم و معرفت بویی نبرده بودند؛ حتی سنجر، آخرین پادشاه متقدر سلجوقی، از ملکهٔ خواندن و نوشتن [که امروزه به آن سواد می‌گوییم] بی‌بهره بود.

گفته می‌شود خواجه نظامیهٔ نیشابور را پیش از نظامیهٔ بغداد و برای امام‌الحرمین[۲۱] ساخت. امام‌الحرمین مدت سی سال در آنجا درس و

---

۲۱. متوفی ۴۷۹ ه‍ ق

بحث و مناظره داشت و سیصد شاگرد در درسش حاضر می‌شدند. امام محمّد غزّالی و انوریِ شاعر از تربیت‌شدگان این مدرسه بودند.

بنیاد نظامیهٔ بغداد، در ۴۵۷ هجری، در کنار دجله، قسمت شرقی بغداد، گذاشته شد. اساساً مدرسه را برای تدریس شیخ ابواسحاق شیرازی ساخته بودند. اما روزی که مردم برای افتتاح مدرسه جمع شده بودند شیخ ابواسحاق به مدرسه نیامد. گفته می‌شد در ساختن مدرسه به خانه‌های مردم دست‌اندازی شده است. خواجه به خلیفهٔ وقت متوسّل شد تا شیخ را وادار به تدریس در نظامیه کند. شیخ ابواسحاق، چار و ناچار، پذیرفت اما هرگز در مسجد آن مدرسه نماز نکرد.

مدرسهٔ بغداد کتابخانهٔ معتبری هم داشت و خطیب تبریزی، ادیب مشهور، نخستین کسی بود که به سِمَت خازن کتاب‌های مدرسه تعیین شد. خواجه با این خطیب تبریزی، که شایع بود بزم شبانه برپا می‌کند و اهل عیش و خوشگذرانی است، داستانی دارد. خواجه این شایعات را باور نمی‌کرد تا شبی به بام کتابخانهٔ نظامیه رفت و به چشم خود دید آنچه دید. صبح روز بعد، وظیفه و مقرّری خطیب را دو برابر کرد و به او گفت نمی‌دانست مخارج خطیب آن‌قدر زیاد است. خطیب تبریزی وقتی فهمید خواجه از کارهای پنهانی و شبانهٔ او سر درآورده است توبه کرد و دیگر گرد آن کارها نگشت.

هر مدرّس مُعیدانی داشت که درس استاد را برای شاگردان تکرار می‌کردند. در آغاز، برای هر دانشجویی روزانه چهار رطل نان معین شده بود. مخارج مدرسه از موقوفات بسیاری که خواجه نظام‌الملک در سال ۴۶۲ هجری برای آن تعیین کرده بود تأمین می‌شد. این موقوفات شامل بازار و دهات و اماکن بود.

از نوع تحصیلاتی که غزّالی طوسی در حدود بیست‌سالگی در

مدرسهٔ امام‌الحرمین جوینی در نیشابور داشت می‌توانیم به نوع دانشی که طلاّب کسب می‌کردند پی ببریم. غزّالی، علاوه بر فقه و اصول و الهیات و کلام و منطق و جدل و خلاف، قدری هم حکمت و فلسفه آموخت. این فلسفه خواندن او را سنّیان متعصب نپسندیدند و بر این کار او اعتراض شدید کردند و گفتند: «شفا» او را بیمار کرد و به راه خطا افکند و دیگر نتوانست خود را از تأثیر فلسفه رهایی دهد. و منظور از «شفا» کتاب مشهور ابن‌سیناست. حتی برخی اندیشه‌های عارفانهٔ او را، که در زمان کمال و پختگی به او دست داده بود، ناشی از فلسفه خواندن او دانستند. غزّالی طوسی را خواجه نظام‌الملک در سال ۴۸۴ هجری مأمور تدریس در نظامیهٔ بغداد کرد؛ غزّالی در این وقت سی و چهار ساله بود.

از آخرین شخصیت‌های علمی بزرگی که سراغ داریم در نظامیهٔ بغداد اقامت کرده علاّمه قطب‌الدّین شیرازی است[۲۲]. علاّمه قطب‌الدّین در این سفر به خدمت صاحب‌دیوان شمس‌الدّین جوینی رسید و نزد او محترم بود. علاّمه قطب عاشق کتاب بود. هنگامی که به عنوان سفارت به مصر رفت هدف اصلی‌اش به دست آوردن شرح‌هایی بود که اطبّا و دانشمندان بزرگ بر کتاب قانون ابن‌سینا نوشته بودند. گفته می‌شود قطب‌الدّین شیرازی بیست و چهار سال از عمرش را بر سر فهم این کتاب گذاشت و شهر به شهر در جست‌وجوی آثاری بود که مشکلات او را رفع کند.

تصویر

تعدادی از بناهایی‌که به نام مدرسه شناخته شده‌اند و امروزه جنبهٔ هنری دارند و به عنوان میراث فرهنگی مورد تحسین‌اند در اینجا نام

---

۲۲. متوفی ۷۱۰ ه‍ ق

می‌بریم: مدرسهٔ امامی [اصفهان، قرن هشتم هجری]؛ مدرسهٔ بالاسر [مشهد رضا، عهد تیموری]؛ مدرسهٔ پریزاد [مشهد رضا، عهد تیموری]؛ مدرسهٔ جدّه [اصفهان، عهد صفوی]؛ مدرسهٔ خرگرد [خرگرد، قرن نهم]؛ مدسه دودر [مشهد، عهد تیموری]؛ مدرسهٔ کاسه‌گران [اصفهان، عهد صفوی]؛ مدرسهٔ مروی [تهران، عهد قاجار]؛ مدرسهٔ ملاعبدالله [اصفهان، عهد صفوی]؛ مدرسهٔ عالی [سپهسالار] مطهری [تهران، عهد قاجار].

مدرسهٔ عالی مطهری [سپهسالار] از قرن سیزدهم به یادگار مانده است. ساختمان این بنای معظم در دوران ناصرالدّین شاه شروع شد و پس از مرگ سپهسالار توسط برادرش، میرزایحیی‌خان مشیرالدّوله، به اتمام رسید. املاک بسیاری وقف مدرسه شده است و، به موجب وقف‌نامه، تولیت آن با پادشاه عصر است. این بنا زمانی محل دانشکدهٔ معقول و منقول، مؤسسهٔ وعظ و خطابه، و فرهنگستان ایران بوده است. مجموعهٔ این بنای باشکوه [مدرسه و مسجد] مشتمل است بر جلوخان، سردر، دهلیز، حجره‌های دوطبقه، چهار ایوان، گنبد عظیم و شبستان [چهلستون]، هشت گلدسته، منارهٔ کاشی‌کاری و مخزن کتابخانه.

مدرسهٔ سیار: مدرسهٔ سیار سلطانی را الجایتو[۲۳] همراه خود در اردوها می‌برد. در این مدرسهٔ سیار، استادان بزرگی تدریس می‌کردند. به استادان و شاگردان شهریه و کمک‌خرج داده می‌شد. هر وقت اردو حرکت می‌کرد، وسایل حرکت آنان نیز در اردو آماده بود. صندوق‌های فراوان کتاب همراه این مدرسهٔ سیار حمل می‌شد. علم تعطیل‌بردار نبود.

مدارس قدیمی اگرچه بسیاری از سنن خود را حفظ کردند، به‌مرور، به سبب تحوّلات تاریخی و نیازهای نو، به حوزه‌های علمیه تبدیل شدند. و رنگ دانشگاه گرفتند. در کنار این مدارس، دانشگاه‌ها

---

۲۳. ۷۰۳ـ۷۱۶ هـ ق

به طرز جدید شکل گرفتند. دگرگونی انتظارات، مدارس را به نهاد دانشگاهی نزدیک‌تر گردانید. اگر بخواهیم دانشگاه را تعریف کنیم، باید بگوییم: هیئتی از افراد دارای شخصیت حقوقی است که به طرز حرفه‌ای و تمام‌وقت به تدریس مجموعه‌ای از دانش‌ها مشغول باشند و آن معلومات را به شاگردانشان انتقال دهند و برنامهٔ درسی و روش‌های آموزشی توافق‌شده و مصوّب داشته باشند و به ملاک‌های حرفه‌ای معین پای‌بند باشند.

۷. مدارس امروزه و نیاز به بنیادهای تازه

دارالفنون، که تاریخ تأسیس آن به سال ۱۲۶۸هجری [مطابق با ۱۸۵۱ میلادی] می‌رسد، اوّلین مدرسه‌ای است که به سبک اروپایی برای وارد کردن علوم و فنون اروپایی دایر شد. یک سال پیش از آن، جان داود، مترجم اوّل دولت، برای استخدام معلم به دربار امپراتور اتریش اعزام شد. وی با هیئتی مرکب از هفت تن معلّم برای رشته‌های پیاده‌نظام و طبّ و جراحی و معدن‌شناسی و دواسازی، چند روزی بعد از عزل امیرکبیر، وارد تهران شد.

دارالفنون در ابتدا جزو تشکیلات دربار بود و رئیس آن زیر نظر شاه انجام وظیفه می‌کرد. معلّمان با اجازهٔ شاه منصوب می‌شدند و برای ورود به مدرسه، در بدو امر، اجازهٔ شاه لازم بود. ناصرالدّین‌شاه یک چند توجه خاص به این مدرسه داشت و مالیات ملایر و تویسرکان را برای مخارج مدرسه تخصیص داده بود و سالی یکی دو بار به آن سرکشی می‌کرد. شاگردان هر رشته لباس متحدالشکل داشتند و ناهار را در مدرسه به خرج دولت صرف می‌کردند. در چند سال اوّل حتی وظیفه هم دریافت می‌کردند. به‌تدریج بر رشته‌هایی که در آنجا تدریس می‌شد افزوده شد، اما بالأخره شعبه‌های طبّ و جراحی از آن جدا شد

و به صورت مستقل مدرسهٔ عالی طبّ درآمد. قسمت‌های نظامی نیز از آن تفکیک گردید و، با تجدید سازمان تعلیمات ایران، به دبیرستان دارالفنون تبدیل شد.

دارالفنون نخستین دانشگاه جدید ایران و مادر فرهنگ نوین و مدارس جدید در ایران به شمار می‌رود. مدرسه دوازده دوره فارغ‌التحصیل داشت و از کارهای مهم آن ترجمه و تألیف کتب درسی بود که در چاپخانهٔ مدرسه طبع می‌شد. دارالفنون کتابخانهٔ معتبری هم داشت که بعدها به کتابخانهٔ ملی پیوست.

از سال ۱۳۰۲ شمسی، تحوّلی چشمگیر در آموزش و پرورش کشور پدید آمد. افزایش جمعیت، رشد نسبی آگاهی مردم، بازگشت دانشجویانی که برای تحصیل به اروپا رفته بودند، و تمرکز قدرت و امنیت ناشی از آن سبب توجه دولت به ایجاد و گسترش مدارس دولتی گردید. با این همه، برنامه‌ریزی آموزش و پرورش دولتی، از لحاظ کمّی و کیفی، در حدّی نبود که با حرکت اجتماعی و فرهنگی رو به رشد متناسب باشد. تصمیم‌های خلق‌الساعه، دگرگونی‌های نابجا، و تغییرات در برنامه‌ریزی‌ها نشان می‌داد که هدف از آموزش و پرورش چندان روشن نیست؛ نکته‌ای که به فلسفهٔ تعلیم و تربیت مستقیماً ارتباط پیدا می‌کرد.

وضع آموزش مدرسی تاریک و ناکارآمد بود. در محتویات کتاب‌های درسی تجدیدنظر نمی‌شد؛ معلّمانْ دوره‌های تکمیلی آموزشِ ضمنِ خدمت نمی‌دیدند؛ سمینارهای آموزشی، اگر بود، ثمرات جدّی نداشت؛ وسایل آموزشی مجهز برای تدریس در اختیار نبود؛ چیزی برای تحقیق و پژوهش در امر آموزش و پرورش اختصاص نمی‌یافت. آموزش، به‌اصطلاح دست‌اندرکاران این حوزه، «بخوان و بنویس» بود. بعدتر، که شرکت در کنکور به یادگیری طوطی‌وار تست‌ها منحصر شد،

آن خرده‌معرفتی که از راه درس خواندن به دست می‌آمد از دست رفت. درنتیجه، نسلی پدید آمد که به میراث کهن خود آگاهی کافی نداشت؛ از پیشینۀ فرهنگی خود بی‌اطلاع بود؛ به حربۀ استدلال و معرفت مجهز نبود و درنتیجه طعمۀ آسانی برای اندیشه‌های وارداتی بود. این نسل نو به رسم و راه زندگی ایرانی، که رنگ‌آمیزی‌شده با آیین‌های معنی‌دار بود، آشنا نبود، سرزمین خود را نمی‌شناخت، و با مردمی که این سرزمین را برای او به قیمت خونشان حفظ و حراست کرده بودند و به بهای جان آن را ساخته بودند بیگانه بود.

هنگامی که جان لاک، یکی از فلاسفۀ اروپایی، دربارۀ فلسفۀ تربیت سخن می‌گوید، آن را پاک کردن زمینه و زدودن پلیدی‌هایی می‌داند که بر سر راه تربیت قرار گرفته است.

امروزه معلوم شده است که آموزشِ شفاهی ناکارآمد است.

پیاژه، روانشناس مشهور سوئیسی، دورۀ دبستان را دورۀ دوم و بسیار مهم و تعیین‌کننده در رشد کودکان می‌داند دوره‌ای که فکر کودک بیشتر در پی ایجاد روابط بین تجربه و عمل است. در این دوره، به عقیدۀ پیاژه، کودک می‌خواهد جهان پیرامون خود را لمس کند و بشناسد. درک فرایند بازگشت اشکال جز به تجربۀ عملی به دست نمی‌آید.

امروزه نه مدارس و نه دانشگاه‌ها و مؤسسات آموزش عالی قادر به پاسخگویی نیازهای طالبان علم به نحو قانع‌کننده نیستند. جوانان جویای دانش، در جوار آموختن معلومات مشخص و از پیش تعیین شده، احتیاج به دریچه‌های تازه‌ای دارند که افق‌های دیگری را پیش روی آن‌ها باز کند. درس‌های معین «بسته‌بندی‌شده» قادر نیست این نیازها را به‌طور کامل برآورده کند. از سوی دیگر، گسترش مهارناپذیر فناوری اطلاعات، مواعید فریبنده‌ای را به طالبانِ چشم و گوش بسته

عرضه می‌کند. به همین دلیل ایجاب می‌کند که مؤسسات و مراکز آموزشی برای تربیت فرهنگی، به قصد شناساندن میراث گذشته، توجه بیشتری به خرج دهند.

اهمیت سیر آفاقی در تمدن اسلامی

سابقهٔ تاریخی ارتباط در بلاد اسلامی

ارتباط در میان کشورهای اسلامی، که از لحاظ دینی امّت واحده‌ای را تشکیل می‌دادند، در روزگاران گذشته، بسیار آسان بود. در بستر این اقالیم پهناور، که زبان یک کتاب دینی مشترک، قرآن کریم، هم‌سخنی را در میان آن‌ها تسهیل می‌کرد، رفت و آمدهای اقتصادی، تجاری، فرهنگی و همچنین ماجراجویانه رواج داشت. مرزها هرچند معین بود، روند و رفتار انسانی برای مقاصدشان آن را شناور می‌کرد. جامعهٔ اسلامی از این بابت تقریباً در دنیا نظیر نداشت. سادگی مسلمین، حس مهمان‌نوازی شرقی، احداث بناهای عام‌المنفعهٔ خاص مسافران و سیاحتگران و برقراری موقوفات جهت پذیرایی از آنان کار مسافرت را، به‌رغم دشواری‌های راه، برای مردم از هر دستی و طبقه‌ای آسان می‌کرد.

به تقلید از سیرهٔ پیامبر گرامی(ص)، که از خمس غنایم سهم‌هایی را برای «یتامی و مساکین و ابناء سبیل»[۲۴] در نظر می‌گرفتند، در وقفنامه‌های کهن بسیار دیده می‌شود که خیراندیشانی درآمد یک یا

---

۲۴. انفال/ ۴۲

چند آبادی را برای آیندگان و روندگان و غریبان وقف کرده‌اند[۲۵].
سفر هرچند مخاطره‌آمیز بود و سختی‌های آن جان‌آزار، مشتاقانْ این
مخاطره‌ها و سختی‌ها را به جان می‌خریدند.

حتی برای درمان مسافرانِ بیمار و گذرانشان، تا بهبودی کامل،
موقوفاتی برقرار شده و هزینهٔ سفر درماندگان نیز، تا رسیدن به شهر و
دیارشان، تأمین بوده است. رباط و دیر و ساباط و کاربات و خان و
زاویه و کاروانسرا نام‌های برخی از بناهایی است که در طول تاریخ
به این نهادهای عام‌المنفعه داده شده است. زیارتِ خانهٔ خدا هرساله
کاروان‌های بی‌شماری را از همهٔ اقصای جهان اسلامی به جوش و
جنبش می‌آورد. جویندگان حدیث و روایات شهربه‌شهر می‌گشتند و اگر
مقصودشان را در نزد عالمی می‌یافتند، پیش او زانو می‌زدند تا معلومات
آن‌ها را به حافظه بسپارند. در همان حال، جاذبهٔ فراگرفتن دانش متداول
زمان و دیدار از ناشناخته‌ها موج بی‌گسستی بود که از پا نمی‌نشست و
تشنگانِ دانستنی‌ها را به سفر در بلاد اسلامی برمی‌انگیخت. تا آنجا که
یاقوت حموی، ۵۷۵۶۲۷، معتقد بود که جغرافیا، که علمی مورد توجه
خداوند است، جهانگردان را در قرون سوم و چهارم هجری واداشت
تا اطلاعات ذی‌قیمتی از اقصای سرزمین‌های اسلامی به ارمغان آورند.
ابن‌رسته در ۳۱۰ هجری قمری کتاب عظیم خود، اعلاق النفیسه، را، که
دائرة‌المعارفی از اطلاعات دوران اوست، در هفت مجلّد تدوین کرد.
استخری در ۳۰۳ هجری رو به سیاحت نهاد و اولین جغرافی‌نویس
ایرانی است که کتاب خود را بر اساس مشاهدات شخصی نوشت.
اما مؤلف ناشناختهٔ حدودالعالم، که نگارش کتابش را در سال ۳۷۲
هجری آغاز کرد، در «گشایش کتاب» تصریح می‌کند که آنچه دربارهٔ

---

۲۵. محمدکریم پیرنیا و کرامت‌الله افسر، راه و رباط، تهران: سازمان ملی حفاظت آثار باستانی
ایران، ۱۳۵۰، ص ۱۲۹.

شهرها می‌نویسد، «خبر او بیافتیم اندر کتاب‌های پیشینگان و یادکردِ حکیمان.» با استناد به این گفتهٔ مؤلف، این اثر مهم جغرافیایی، که به فارسی روشن و روان نوشته شده، برگرفته از اطلاعات دست‌اوّل کسانی است که دربارهٔ زمین، از مشرق تا مغرب، و نهادِ آن و نواحی آبادانِ آن سخن رانده‌اند. این اثر نمایشگرِ دانش جغرافیایی ایرانیان در هزار و صد سال پیش است. ابودلف و ابن‌حوقل، هر دو، از سیاحان قرن چهارم هستند که بی‌هیچ مانعی سرزمین‌های اسلامی را درنوشتند و مشاهدات خود را گاه با خیالپردازی‌های مردم‌پسندانه همراه کردند.

هرجا که این مهمانان ناخوانده پاتاوه می‌گشودند، مورد مهر و آزرم مردم بودند. حاکمان می‌دانستند که آن‌ها صیت شهرتشان را در سراسر عالم اسلام پراکنده خواهند کرد و نام نیکشان را در تاریخ زنده خواهند داشت، پس سعی می‌کردند تا با آن‌ها به مدارا و نیکویی رفتار کنند.

سفر ناصرخسرو قبادیانی، که در ۴۳۷ هجری آغاز شد و تا سرزمین مصر ادامه یافت و در سفرنامهٔ او ثبت تاریخ شد، نمونهٔ راستینی از امکان سفر و دسترسی به بلاد اسلامی است. سفر او در قصیده‌اش چنین بازتابی یافته است:

برخاستم از جای و سفر پیش گرفتم
نز خانه‌ام یاد آمد و نز گلشن و منظر
از سنگ بسی ساخته‌ام بستر و بالین
وز ابر بسی ساخته‌ام خیمه و چادر

تا آنجا که می‌گوید:

پرسنده همی‌رفتم از این شهر بدان شهر
جوینده همی‌گشتم از این بحر بدان بر

ملاّ قطب‌الدین شیرازی، که علاّمه‌ای شهرور بود، به‌خاطر نسخه‌ای

از یک کتاب نایاب، که در کتابخانهٔ قاهره سراغ کرده بود، رنج سفر مصر را بر خود هموار کرد و تا آن کتاب را به دست نیاورد، از پا ننشست.

در طی همین سفرها زبدهٔ آثار هنری و صناعی جابه‌جا می‌شد و مورد تقلید و بازسازی قرار می‌گرفت و طبعاً در این بازپردازی قریحهٔ سازندهٔ جدید چیز تازه‌ای بر آن می‌افزود و به غنای آثار هنری کمک می‌کرد.

سیاح مراکشی، ابن‌بطوطه، که ضمن سیاحت دور و دراز بیست و چهار سالهٔ خود ایامی را هم در ایران گذرانده در سیاحت‌نامهٔ خود [**رحله**] از زاویهٔ شوشتر یاد می‌کند و می‌گوید: «شانزده روز در این مدرسه ماندم. نه نظم و ترتیب آن را در جایی دیده بودم و نه لذیذتر از غذاهای آنجا غذایی خورده بودم.» دوستداری سیاحان و مهمان‌نوازی مردمان و مرزناپذیری جهان اسلام چنان بود که مردی گمنام، چون ابن‌بطوطه، با دست خالی از طنجه راه افتاد و در همهٔ دیاران و شهرها در نهایت عزّت و احترام پذیرفته شد و توانست تا اقصای چین سفر کند.

بر کتیبهٔ خانقاهی در آبادی اپشنه، واقع میان سمرقند و بخارا، این عبارات دیده می‌شد: «هرکه در این سرای درآید نانش دهید و از ایمانش مپرسید. چه آن‌کس که در نزد خدا به جان ارزد در نزد ابوالحسن به نان ارزد.» و این سفارش ابوالحسن خرقانی بود که در همهٔ این دارالضیافه‌ها روایی داشت.

جهان امروز و ضرورت ارتباط میان کشورهای اسلامی

امروزه، البته، جهان دگرگون شده است. دیگر عالم اسلام را یک واحد همگن تلقی نمی‌کنند. دیگر مفهوم دینیِ جهان اسلام با مفهوم سیاسیِ آن انطباق کامل ندارد. ساختار ثابت «مِرزهای بسته»، که جز به رواَدید گشوده نمی‌شود، آن تسهیلات غبطه‌انگیز گذشته را جزو ماجراهای تاریخ کرده است. داغ و حسرت دسترسی آسان در بلاد اسلامی برای

کسانی که با گذشتهٔ عالم اسلام آشنا هستند یک حقیقت آزارنده است. همین دسترسیِ آسان سبب غنای جهان اسلام شد، پایهٔ علم را آن‌چنان بلند کرد و میراثِ باارزشی برای جامعهٔ بشری فراهم آورد و به هنر و صناعت آن شکوفایی بخشید.

شاید انتظار برای تکرار وضع گذشته کار عبثی باشد، اما می‌توان امروزه هم به آن نیروی بالقوهٔ تاریخی تکیه کرد و آغاز فرخنده‌ای را دست‌کم برای ارتباط میان پایتخت‌های کشورهای اسلام بنا نهاد.

کشورهای اسلامی هرچند هرکدام راه و روش خاص خود را در حکومتگری و ادارهٔ امور کشور در پیش گرفته‌اند، دین اسلام هنوز حلقهٔ رابط و آن ملاط معجزه‌آفرینی است که می‌تواند این کشورها را به هم جوش دهد و نقطهٔ مشترکی برای تفاهم و رابطه ایجاد کند.

تحولات جوامع اسلامی، به سبب آشنایی با فن‌گرایی، سیمای شهری و شهرنشینی اسلامی را کاملاً دگرگون کرده است. افزایش جمعیت و شیوه‌های نوین زندگی که با خود نیازهای تازه و نو پدید آورده است، بافت‌های کهن را درهم شکسته و نحوهٔ زیست جدیدی را به بار آورده است که همواره با سنن دینی و آداب شناخته‌شده سازگار نیست. مسائلی که از این تحولات حادث شده، و کمابیش در همهٔ کشورهای اسلامی قابل مشاهده است، همدلی مشترک همهٔ این کشورها را برای حفظ هویت ایجاب می‌کند. بافت کهن شهری، که غالباً در حول محور بازار و مسجد شکل می‌گرفت و امور دنیایی و عبادی مسلمین را سامان می‌داد، امروزه دستخوش تحول شده است. فاصله‌ای که میان دنیا و عقبیٰ افتاده است می‌باید نگرانی کسانی را برانگیزد که به تطابق و تقارب این دو عنصر مهم و نقش آن‌ها در حیاط اجتماعی مسلمانان حساس‌اند.

در سطوح دیگر نیز، سامانبندی شهر، خیابان‌ها و کوی‌ها و برزن‌ها

نیازهای تازه‌ای را باید پاسخگو باشند. نظام شهری اسلامی، که شناسنامهٔ هویت‌مند آن بود، آیا در گیراگیر این دگرگونی چه سرنوشتی خواهد داشت؟

شناخت محرک‌های وجدان مسلمانان در امور هنری و صناعتی، که آرایه‌پروری شهرهای اسلامی را ضمانت می‌کرد و به آن زیبایی و هماهنگی ناشی از وحدت می‌بخشید، یکی از مسائلی است که می‌تواند در همنشینی کارشناسان پایتخت‌های اسلامی مورد بحث و تبادل نظر قرار گیرد.

همنشینی کارشناسانهٔ صاحب‌نظران کشورهای اسلامی می‌تواند تجربه‌های برآمده از این سالیان تحوّل، توفیق‌ها و شکست‌ها را بر دایره بریزد و راهکارهای مناسب برای همسو شدن با تحوّل و تضمین بقای هویت اسلامی شهرها را فراهم آورد. این هویت، کمترین تأثیری که می‌گذارد این است که مسلمانان، در هر شهری از جهان اسلام، خود را در خانهٔ خودشان ببینند و احساس کنند.

کتابنامه

قرآن کریم.

پیرنیا، محمدکریم و کرامت‌الله افسر. **راه و رباط**، تهران: سازمان ملی حفاظت آثار باستانی ایران، ۱۳۵۰.

دعا و نیایش و نیاز

میان محققان بحثی دربارهٔ لزوم دعا یا ترک آن به قصد تسلیم به مشیت خداوند و قضای الهی وجود دارد. عده‌ای از اهل معرفت معتقدند که بنده، در وقت اضطرار و تنگی، هنگامی که از هر لحاظ درمانده شده است، باید رو به درگاه خداوند آوَرَد و از حضرت باری گشایشِ کار خودش را طلب کند. به دید این عده، که ابوالقاسم قشیری نیز یکی از آن‌هاست، «دعا کلید حاجت‌هاست و راحتِ خداوندِ حاجت است و راحتِ درماندگان است و پناهگاه است و غمگسار نیازمندان است.»[۲۶] استدلال این عده به نکوهش گروهی از سوی حضرت باری‌تعالیٰ برمی‌گردد که: **وَ یقبِضونَ اَیدِیهُمْ، نَسُوالله فَنَسِیهُم.** یعنی دست به ما برندارند به حاجت خویش.

از استاد ابوعلی دقّاق نقل می‌شود که گفت: «شنیدم که سهل عبدالله [تُستری] گفت نزدیک‌ترین دعاها به اجابت، دعای حال بُوَد. و دعای حال آن بُوَد که خداوندِ وی مضطر بُوَد که وی را از آن چاره نباشد.»[۲۷]

۲۶. رسالهٔ قشیریّه، تصحیح بدیع‌الزمان فروزانفر، تهران: علمی و فرهنگی، ۱۳۷۴، ص ۴۳۶.
۲۷. همان، ص ۴۳۷.

هم این عده دعا را فاضل‌تر می‌دانند از خاموشی، چون دعا خودبه‌خود و مستقلاً وقتی که به زبان بنده می‌آید عبادت تلقی می‌شود. بنده همین‌قدر که اظهار بندگی و درماندگی می‌کند قیام به حقّ خدا کرده است. از میان این گروه عرفایی هستند که محضِ دعا کردن را صواب می‌دانند و چشم‌داشتی به اجابت ندارند.

دستهٔ دوم خاموشی و مردگی در زیر حکم حضرت حقّ را برتر می‌دانند. به نظر آن‌ها رضا دادن به قضایی که از پیش از سوی خداوند در لوح محفوظ رفته است نوعی تسلیم است. در این تسلیم، بنده اختیار را از خود سلب می‌کند و به‌اصطلاح امروزیان «ریش و قیچی» را به دست حقّ می‌گذارد. تا آنجا که خواجه عبدالله انصاری می‌گوید: خدایا مرا آن ده که مرا آن به.

ابوبکر واسطی در همین زمینه می‌گوید: «اختیار آنچه در ازل رفته است تو را بهتر از معارضهٔ وقت»[۲۸] و منظور او آن است که طلب کردن و سؤال دربارهٔ اضطراری که در وقت خویش گرفتار آن هستی روا نباشد و پذیرش این وضع بهتر از معارضه با مشیت اوست.

استدلال آن‌ها به خبری است از پیغمبر(ص) که گفت: هر که به ذکر من مشغول گردد از سؤال، او را آن هم ْکه فاضل‌تر بُوَد از آنچه خواهندگانْ را دهم.

با این همه، خداوند نیاز و سوز بنده‌اش را دوست دارد و در این باره روایت‌های زیادی هست. حکایت کوچکی را از یحیی بن سعید قطّان برای شما نقل می‌کنیم که جالب است. قطّان حقّ را، سُبحانَه و تعالٰی، به خواب دید. گفت: یاربّ، بسا که تو را بخوانم و اجابتم نکنی. گفت، یا یحیی، زیرا که دوست دارم که آواز تو بشنوم.[۲۹]

---

۲۸. همان، ص ۴۳۸.
۲۹. همان.

تفاوت دعا و نیایش

بین دعا و نیایش تفاوت ظریفی وجود دارد. دعا کم و بیش رنگ سؤال دارد و با درخواست و طلب آمیخته است. برای همین است که دعا را «کلید حاجت‌ها» خوانده‌اند. دعا سخن گفتن رویاروی است با خداوند به زبان شرم، به قصد طلب.

اما نیایش و مناجات ذاتاً حاوی شور عاشقانه است، رنگ اضطرار دارد، چون نیایشگر، یا مناجاتی، از سوز دل با محبوب خود سخن می‌گوید و این سوز، از داغ و درد جدایی نشان دارد و نه فقط شرم.

شرح شطحیات مناجات را چنین معرفی می‌کند: «مناجات محادثهٔ اسرار است نزد صفای اذکار با لطیف غفّار به نعت افتقار.»[۳۰]

به زبان ساده‌تر، مناجات راز گفتن با خداوند است، به یاری ذکرهای صادقانه و از سر عجز و نیازمندی و خاکساری.

چند صفت در این تعریف مناجات تعیین‌کننده است. اول از همه صفای ذکر است؛ یعنی یادکردِ خداوند باید از هرگونه مجامله و عُجب و آلایش خالی باشد و با صدقِ دل همراه باشد. نکتهٔ دیگر، لطیف غفّار خوانده شدن خداوند است؛ یعنی یکی از نام‌های الهی را صفت‌گونه به کار برده، یا به صورت اسم صفات، و غفّار بودن او را به صورت صفت آن صفت‌گونه همراه کرده است تا به لطف و آمرزندگی باری‌تعالی تأکید ورزیده باشد. نکتهٔ دیگرتر، «افتقار» است و آن را از جهت آن آورده تا فقر و خاکساری و نیازمندی بنده را در درگاه الهی بیان کرده باشد.

هم در دعا و هم در نیایش زبان واسطهٔ میان بنده و خداست. عظمت مقام حضرت باری ایجاب می‌کند که این زبان نوعی فاصله میان بنده و خداوند را پدید آوَرَد. درنتیجه، در زبان نیایش مواجه با فنون و صناعات کلامی هستیم، همچنان‌که در دعای کمیل با سجع و فنون دیگر

۳۰. سیدصادق گوهرین، شرح اصطلاحات تصوّف، تهران: علمی فرهنگی، ۱۳۷۴، ص ؟.

بیان عرض نیاز به درگاه آن «شاهنشه بی‌خواب» می‌شود.

هم دعا و هم نیایش آدابی دارند و این آداب در آن‌ها مشترک است. در وهلهٔ اوّل، شرط دعا و نیایش آن است که نیایشگر به دل حاضر باشد و اسیر غفلت نباشد. از پیغمبر(ص) روایت می‌کنند که فرمود: بنده‌ای که خدای را به غفلت خوانَد دعای وی مستجاب نمی‌شود.

شرط دیگر حلال بودن لقمه است. باز هم از پیغمبر(ص) روایت می‌کنند که فرمود کسب حلال کن تا دعای تو مستجاب شود.

سخنمان را با ابوالقاسم قشیری آغاز کردیم و قصد داشتیم با سخنی از او به پایان بریم که گفت: «دعا کلید حاجت است و دندانه‌های این کلید لقمهٔ حلال است.»[۳۱] اما مناسب دیدیم که از هرکدام یک حکایت‌واره را دربارهٔ دعا و نیایش از متون معتبر معرفتی برای شما انتخاب کنیم تا تفاوت آن‌ها را در فضاهای متفاوتی که می‌آفرینند نشان داده باشیم. حکایت اوّلی، در کارکرد دعا، برگرفته از **کشف‌المحجوب** هُجویری است؛ حکایت‌وارهٔ دوم مناجات عارف بزرگ و نام‌آور، ابوالحسن خرقانی است.

۱. دعای مقرون به اجابت درویش

گویند که اندر وقت بومسلم مروزی[۳۲] درویشی بی‌گناه را به تهمت دزدی بگرفتند و به چهارطاق مرو بازداشتند. چون شب اندر آمد، بومسلم پیغمبر را، علیه‌السّلام، به خواب دید که وی را گفت: یا بامسلم، مرا خداوند به تو فرستاده است که دوستی از دوستان من بی‌جرمی اندر زندان توست. برخیز و وی را بیرون آر.

---

۳۱. رسالهٔ قشیریّه، همان، ص ۴۴۳.

۳۲. ابومسلم خراسانی [یا مروزی] معروف به ابومسلم صاحب‌دعوت [۱۳۷-۱۰۲]، استعدادی شگرف در نظم دادن به امور داشت. به دست او حکومت بنی‌امیه به پایان آمد و بنی‌عبّاس به قدرت رسیدند؛ اما خود او، سرانجام، گرفتار بدخواهی‌های عبّاسیان شد.

بومسلم از خواب بجَست و سر و پای برهنه در زندان دوید و بفرمود تا در بگشادند و آن درویش را بیرون آورد و از وی عذر خواست و گفت: حاجتی بخواه!

درویش گفت: ایها الأمیر، کسی که او خداوندی دارد که چنین نیم‌شبان بومسلم را سر و پای برهنه از بستر گرم برانگیزد و بفرستد تا او را از بلاها برهاند، روا باشد که او از دیگری سؤال کند و حاجت خواهد؟

بومسلم گریان گشت و درویش برفت.[۳۳]

۲. مناجات شیخ ابوالحسن خرقانی

خداوندا، فردای قیامت، به وقتِ آنکه نامهٔ اعمال هریکی به دست دهند و کردار هریکی بَریشان نمایند، چون نوبت به من آید و فرصت یابم من دانم که چه جواب معقول گویم.

پس، در حال، به سرّش ندا آمد که یا اباالحسن، آنچه روز حَشْر خواهی گفتن در این وقت بگو!

گفت: خداوندا، چو مرا در رَحِم مادر بیافریدی در ظُلَمات عجزم بخوابانیدی؛ و چون در وجود آوردی معدهٔ گرسنه را با من همراه کردی تا چون در وجود آمدم از گرسنگی می‌گریستم؛ و چون مرا در گهواره نهادندی پنداشتم که فَرَج آمد، پس دست و پایم ببستند و خسته کردند؛ و چون عاقل و سخنگوی شدم گفتم بعدالیوم آسوده مانم؛ به معلّمم دادند، به چوبِ ادب دمار از روزگارم برآوردند و از وی ترسان می‌بودم؛ و چون ازان درگذشتم شهوت بر من مسلّط کردی تا از تیزی شهوت به چیزی نمی‌پرداختم؛ و چون از بیم زنا و عقوبت فساد زنی را در نکاح آوردم فرزندانم در وجود آوردی و شفقت ایشان در درونم گماشته، و در غم خورش و لباس ایشان عمرم ضایع کردی؛ و چون ازان درگذشتم

۳۳. علی بن عثمان هُجویری، کشف‌المحجوب، تهران: سروش، ۱۳۸۳، ص ۵۲۶.

پیری و ضعف بر من گماشته و درد اعضا بر من نهادی؛ و چون ازان درگذشتم گفتم مگر چون وفات من برسد بیاسایم؛ به دست مَلَک‌الموت مرا گرفتار کردی تا به تیغِ بی‌دریغ، به صد سختی، جان من قبض کرد؛ و چون ازان درگذشتم در لَحَد تاریکم نهادی و در آن تاریکی و عاجزی دو شخص منکرم فرستادی که «خدای تو کیست و ملّت تو چیست؟» و چون از آن جواب بِرَستَم از گورم برانگیختی؛ و در این وقت که حَشْر کردی، در گرمای قیامت و جای حسرت و ندامت، نامه‌ام به دست دادی که اقرأ کتابک!

خداوندا، کتاب من اینست که گفتم. این‌همه مانع من بود از طاعت، و از برای چندین تَعَب و رنج شرطِ خدمت تو که خداوندی بجای نیاوردم تو را از آمرزیدن و گناه عفو کردن مانع کیست؟

ندا آمد که «ای ابوالحسن، ترا بیامرزیدم به فضل و کرم خود!»[۳۴]

---

۳۴. ابوالحسن خَرَقانی، منتخبِ نورالعلوم، تهران: طهوری، ۱۳۵۴، ص ۱۴۷.

کتابنامه

خَرَقانی، ابوالحسن. **منتخبِ نورالعلوم**، تهران: طهوری، ۱۳۵۴.

رسالۀ قشیریّه. تصحیح بدیع‌الزمان فروزانفر، تهران: علمی و فرهنگی، ۱۳۷۴.

گوهرین، سیدصادق. **شرح اصطلاحات تصوّف**، تهران: علمی فرهنگی، ۱۳۷۴.

هُجویری، علی بن عثمان. **کشف‌المحجوب**، تهران: سروش، ۱۳۸۳.

نقش خرد و زیبایی در اخلاق ایرانی

هستهٔ اصلی و جوهر جان‌دهنده به جامعهٔ ایرانی را، از کهن‌ترین ایام، مقولهٔ اخلاق می‌توان گرفت. مکان بروز این جوهر و جانْ سخن است؛ آن چیزی که امروزه به آن ادبیات می‌گوییم. ستایش سخن نیز در آثار سخنوران ایرانی از چنین طرز دریافتی منشأ می‌گیرد، زیرا سخن، سخن سخته، از خرَد مایه‌ور می‌شود. بنابراین، سخن میدانی است که می‌تواند تجلّیات دوگانه‌ای داشته باشد: از یک‌سو سودمند است و از دیگرسو ناسودمند؛ بلکه، در یک تقسیم‌بندی جانبدارانه و کم و بیش حادّ، سخن می‌تواند، فراتر از سودمندی، جانبخش باشد یا مهلک و مرگبار. منظور آن نیست که سخن، یا آن چیزی که در یک زبانزد کهن انعکاس یافته است، سرِ سبز را به باد دهد بلکه شومی سخن مرگبار می‌تواند دامنگیر جامعه‌ای گردد. پس سخن، خودبه‌خود، اخلاقی است.

این تفکیک سخن، به سودمند و ناسودمند، یک نکتهٔ مهم اما نهان در آثار اخلاقی را روشن می‌کند: اخلاقْ ناگزیر به جانبداری می‌گراید و رنگ تهمت و اتهام به خود می‌گیرد. این جانبداری حساسیت‌های

جامعهٔ ایرانی را در برابر آنچه «خوب» و آنچه «ناخوب» می‌پندارد بیان می‌کند. از این منظر، چیزهایی بر چیزهای دیگر رجحان می‌گیرد؛ رفتارهایی برتر از رفتارهای دیگر می‌نشیند؛ و کرده‌هایی پسنده‌تر از کردارهای دیگر گذاشته می‌شود.

در چنین برداشتی سخنِ حاملِ خرد، که یک فضیلت فکری شمرده می‌شود، سروکار با موقعیت‌های بشری پیدا می‌کند. سخن انسان‌ساز می‌شود، جامعه را در مسیر نیکی و سلامت می‌گذارد و، در نهایت، رستگاری آحاد و افرادش را فراهم می‌کند. بر کارساز بودن سخن و تأثیرات ظریف آن تا آن اندازه تأکید می‌شود که سکوت گاه برترین فضیلت شمرده می‌شود. وقتی بایزید بسطامی می‌گوید «روشن‌تر از خاموشی چراغی ندیدم» هم به امر سکوت در ناگفته گذاردن چیزهای ناسودمند نظر دارد و هم به امری مهم‌تر که در طریقت دستگیر مرد سالک است و به معانی ظریف آمیخته است.

گفتهٔ بایزید بسطامی چند ویژگی را، که حاکم بر تلقی سخن در نزد ایرانیان است، آشکار می‌کند. در مرحلهٔ اوّل، یک معیار سنجش به دست می‌دهد که برای گیرندهٔ سخن نقش راه‌گشا دارد؛ در مرحلهٔ دوم، به سبب سنجش‌آوری آن، نقش اندرزگونه به خود می‌گیرد؛ در مرحلهٔ سوّم، به مهارت‌های زندگی عملی وابسته می‌شود و نقش کارکردی در حیات روزانه پیدا می‌کند؛ در مرحلهٔ چهارم، همچون هر اندرز حکمت‌آمیز و معرفت‌انگیز، راه آینده‌ای کامیابانه را نشان می‌دهد و نهانی مخاطب را دعوت به این راه می‌کند؛ و بالأخره، در مرحلهٔ پنجم، با موقعیت‌ها و روابط انسانی و حتی عادت‌های زبانی نیز به بازی می‌پردازد. همهٔ این خصایص ایجاب می‌کنند که سخن حکمت‌آمیز کوتاه، فشرده، چکیده‌آسیا، بهره‌ور از اقتصاد زبان و در کمترین واژگان

باشد. کوتاهی و چکیدگی این سخنان اندرزگونه تا به حدّی بوده است که می‌توانستند آن‌ها را بر نگین انگشتری حک کنند. یک نمونه از این انگشتری‌ها، در گورگاه انوشیروان، زمینهٔ حکایت‌پردازی‌های دلنشین شده است. اما در فراسوی خیال‌ورزی‌های مؤلفان، مسعودی در تاریخ خود، **مروج‌الذهب**، بر رسم پادشاهان ساسانی، که بر نگین انگشتری‌شان اندرزی حک می‌کرده‌اند، تأیید می‌کند.[۳۵]

ایرانیان شنیدن اندرز را روشنی‌بخش چشم خرد می‌شمردند؛ گوهر گفتار را برترین گوهران می‌دانستند؛ و گنج حکمت را بزرگ‌ترین گنج‌ها می‌شناختند. به کسانی که این سخنان حکمت‌آمیز را در یاد داشتند و در مناسبت‌های روزانه آن‌ها را بیان می‌کردند و سخنشان را به گوهر این اندرزها می‌آراستند نام «دانایان» داده بودند.

یک نمونه از این دانایان در کتاب **تاریخ سیستان** معرفی شده است.

عبدالعزیز، حاکم سیستان، که مردی «عالم» بود و «اهل علم را دوست» می‌داشت، روزی به رستم بن مهر هرمزد مجوسی که به نزدش رفته بود گفت: «دهاقین را سخنان حکمت باشد، ما را از آن چیزی بگو.»

گفت: «نادان مردمان اوی است که دوستی به روی افتعال [= ساختگی] دارد بی‌حقیقت؛ و پرستش یزدان چشم‌دیدی [= ریاکاری] را کند؛ و دوستی با زنان به درشتی جوید؛ و منفعت خویش به آزار مردم جوید؛ و خواهد که ادب آموزد به‌آسانی.»

گفت: «نیز گوی!»

باز دهقان گفت: «آب جوی خوش بُوَد تا به دریا رسد؛ و خاندان به سلامت باشد هرچند فرزند نزاید؛ و دوستی میان دو تن به صلاح باشد چند بدگوی در میانه نشود؛ و دانا همیشه قوی بُوَد چند هوا بر وی غالب

---

۳۵. نک: شارل هنری دوفوشه کور، **اخلاقیات**، ترجمهٔ محمدعلی امیرمعزی و عبدالحمید روح‌بخشان، تهران: مرکز نشر دانشگاهی، ص ۵۶، زیرنویس ۹۰.

نگردد؛ و کار پادشاهی و پادشاه همیشه مستقیم باشد چند وزیران به صلاح باشند.»[۳۶]

البته همچنان که ملک‌الشعرای بهار در مقدمه‌اش بر کتاب توضیح می‌دهد، تا پیش از چاپ **تاریخ سیستان**، داستان این رستم بن مهر هرمزد مجوسی و سخنان حکمت او «به کلّی بر مورّخان مجهول بوده است».[۳۷] ولی لازم به توضیح است که این سخنان، لامحاله، از پهلوی ساسانی از سوی این دانای حکمت به فارسی نقل شده و در تألیف کم و بیش خصیصهٔ چکیده بودن و کوتاه بودن آن تا حدّی از دست رفته است. با این همه، نکتهٔ مهم‌تری در این روایت دانای مجوسی امروزه، پس از هزار سال، برای ما روشن است: معرفت‌آمیز بودن این زبانزدها؛ یعنی در این سخنان حاوی حکمت عملی آنچه مورد نظر است افق کمال است. یعنی نسبتی دارند با اصول فوز و رستگاری، سعادت کامیابانه‌ای که انسان کامل متوجه آن است. در این سخنان، سه ضلع، سه شخصیت، به هم می‌رسند: ادیب و حکیم و عارف. کیفیت واگشتی این زبانزدها، که می‌توانند پس از هزاران سال هنوز کارکرد کامیابانه داشته باشند و به صورت رمزی و کنایی نمونه‌هایی پُرمعنی از تقدیر و سرنوشت را پیش روی ما بگذارند و رگ جان را بنوازند و با حقیقت خود گشایش و فرح دل ارزانی دارند، به نحو گویایی نشانگر معرفت‌آمیز بودن آن‌هاست. هنوز و همواره دوستی ساختگی بی‌ارزش است؛ هنوز و همواره خداپرستی با ریاکاری در تناقض است؛ هنوز و همواره دوستی زنان را به درشتی و خشونت نمی‌توان چشم داشت؛ هنوز و همواره سودجویی در زیان دیگران خواستن به عاقبت به خیری

۳۶. تاریخ سیستان، تصحیح ملک‌الشعراء بهار، تهران: کتابخانهٔ زوار، بی‌تا، ص ۱۰۶.
نکته‌ای که در این نقل باید توضیح داد آن است که کلمهٔ «چند»، اگر تصحیف «چن» و چون نباشد، به معنی «چون» آمده است.

۳۷. همان، مقدمه، ص لج.

نمی‌انجامد؛ هنوز و همواره آموختن با تحمّل دشواری میسّر است. پس می‌توان نتیجه گرفت که حقایقی ازلی ابدی وجود دارند که نه مشروط به زمان‌اند و نه موکول به مکان. در همهٔ احوال، در همهٔ زمان‌ها و در همهٔ مکان‌ها صادق‌اند و در همهٔ اُمَم تأثیر واحد دارند و همهٔ عقول بشری آن را به گردن می‌گیرند اگر بخواهند سعادتمندانه زندگی کنند.

سخنان معرفت‌آمیزی که به نام جاویدان خرد شناخته می‌شوند، در یک زبان مفهومی، با آمیزش دو عنصر شعری و بحثی، و به کار گرفتن دو عامل احکام کلّی و احکام حقیقی، حقایق هستی را منتقل می‌کنند. اهمیت جاودان خرد در آن است که مستقیماً با کرد و کنش ارتباط دارد؛ علمی است که با عمل آمیخته است. و همین اتحاد میان علم و عمل است که اساس علم اخلاق اسلامی را پایه‌ریزی می‌کند.

ابوعلی مسکویه، فیلسوف و مورّخ نام‌آور قرن چهارم هجری، هنگامی که حکمت خالده را از روی متن جاودان خرد می‌پرداخت، کاملاً متذکر همین نکتهٔ اتحاد میان علم و عمل بوده است. مسکویه نقل می‌کند که در جوانی، هنگام مطالعهٔ کتابی از ابوعثمان جاحظ به نام کتاب جاودان خرد برمی‌خورد که مؤلف از آن ستایش بی‌مانند کرده بود. «پس من حریص شدم و بسیار میل نمودم به طلب آن و پیدا کردن آن در شهرهایی که می‌گردیدم و سیر می‌کردم در آن شهرها. تا آنکه یافتم آن کتاب را در ولایت فارس نزد موبد موبدان که عبارت از اعلم علمای مجوس باشد.»[۳۸]

ظاهراً، آنچه ابوعلی مسکویه در فارس یافته بود به زبان پهلوی ساسانی بوده است و می‌توان حدس زد که او، به کمک موبد موبدان، ترجمه‌ای از آن فرا آوَرْد و در لباس عربی آن را آراست و در همان

۳۸. احمد بن محمد بن مسکویه، جاویدان خرد، تهران: مؤسسهٔ مطالعات دانشگاه مک‌گیل، ۲۵۳۵، ص ۶.

حال، آن را به حکمت‌های حکمای فارس و هند و عرب و روم پیوند داد و از مجموعهٔ آن‌ها همین کتاب **حکمت خالده [جاودان خرد]** را پدید آورد که می‌شناسیم.

اما آنچه به مقولهٔ پیوند علم و عمل برمی‌گردد در انگیزهٔ او برای تألیف **جاودان خرد** نهفته است: «و اراده کردم به این جمع و تألیف، راست کردن و درست کردن نفس خود را و راست کردن و درست کردن نفوس کسانی را که صلاحیت راست شدن به این حکمت‌ها را داشته باشند بعد از من.»[۳۹] و تألیف خود را با بیان سخن حکمت‌آمیز هوشنگ پیشدادی شروع می‌کند، دومین پادشاه عالم: «از خدای تعالی است ابتدای هرچیز.»

ابوعلی مسکویه را باید در عداد اهل حکمت گذاشت. او در آثارش با دقت و نظم و حفظ ترتیب و توالی، و بر مبنای اصول منطقی، مطالب خود را نگاشته است و آگاهی و تسلط نسبت به مطالب و مضامین مورد طرحش داشته است و از آنجا که مدار نظم و ترتیب ممیزهٔ اهل حکمت و از مهم‌ترین شاخصه‌های آنان است، بنابراین فیلسوف نامیدن این مؤلف بیهوده و بی‌مورد نبوده است. ظاهراً **جاودان خرد** بین سال‌های ۳۷۶ و ۳۸۲ به اتمام رسیده، اما می‌توان حدس زد که مسکویه از سال‌های دور درصدد گردآوردن چنین منتخبی بوده است.

یافته‌های مسکویه روشنگر یک نکتهٔ مهم شد: عقول همهٔ ملل و اُمَم در یک طریقهٔ واحد سیر می‌کند و با اختلاف مکان و جغرافیا مختلف نمی‌شود و به تغییر زمان نیز تغییر نمی‌پذیرد. حتی با آمدن و رفتن اقوام و تحوّل در شرایط زیستی و شیوهٔ زندگی، انحرافی در این خط سیر پدید نمی‌آید. درنتیجه، عنوان **جاویدان خرد** نام برازنده‌ای برای این

---

۳۹. همان، ص ۷.

پدیده‌های معرفتی بود. در همان حال، نام مناسبی می‌بود از درک و دریافت نسبت به آن گوهر ازلی‌ابدی که به آن «حکمت» نام می‌دهیم.

مسکویه بارها در کتاب خود دربارهٔ مقاصد تربیتی کتابش تأکید و تصریح کرده است. ارشاد نَفْس خودش و نفوس جوانان و دوستداران حکمت هدف اساسی او در تألیف و تدوین کتاب بوده است.

یکی از تأثیرات کتاب **جاویدان خرد** را پژوهندگان تاریخ در این می‌دانند که توانسته است به منزلهٔ یک اثر حکمی در ورای اختلافات فِرَق و حوزه‌های اعتقادی قرار گیرد و اعتبار پیدا کند. مهم‌تر از این، به الفت میان این فرقه‌های معارض کمک کند.

کشکمش‌های شدید و گاه خونباری که از قرن سوم هجری میان اعراب و ایرانیان (شعوبیه) وجود داشت، تدریجاً، به سبب تمایل مشترکی نسبت به التقاط عقلی، تخفیف یافت. نمونهٔ بارز این التقاط عقلی را در کتاب **جاودان خرد** می‌توان یافت. اعتبار انسان خردورز منحصر به توصیف‌های نظری نشد، بلکه عنوانی بود که می‌شد به طایفهٔ اهل تدبیر و قلم داد؛ آنان که تحصیل علوم عقلی کرده بودند. خرد از طریق کوشش حکیمان سر برداشت. تا آنجا که از ابن‌بابویه، متوفای ۳۸۱ هجری، تا ابن‌بطوطه، متوفای ۷۷۹، همه دم از عقل می‌زدند و بر طبل خرد می‌کوفتند. در قرن چهارم، این توقع پدید آمد که امور باید بر طبق عقل باشد.

متنی از **جاویدان خرد** که مورد استفادهٔ مسکویه قرار می‌گرفت، با استناد به گفتهٔ دارمستتر، کهن‌ترین متن فارسی اندرزنامه‌ای منتسب به هوشنگ پیشدادی شمرده می‌شود. البته هنینگ معتقد است که اشتباهی صورت گرفته و درنتیجهٔ شباهت نام هوشنگ با اوشنر (Aoshnor) این

اندرزنامه به هوشنگ نسبت داده شده است.[۴۰] با این همه، شاید بتوان آن را گردانه‌ای از این کتاب گرفت و برای متن اصالت قائل شد و در همان حال با مؤلف **اخلاقیات**، شارل‌هانری دو فوشه کور، هم‌داستان شد که «**جاویدان خرد**، همچون بسیاری از متون همانند خود، نوعی خودآموز انسان درستکار ایرانی قرن پنجم/ یازدهم است. خودآموزی که اصول خود را مدیون تجارب عمیق اجتماعی و تعالیم شخصیت‌های معتبر می‌داند.»[۴۱]

البته این گفتهٔ مؤلف **اخلاقیات** نه صورت آن چیزی که مسکویه پرداخته است را جوابگو است و نه متن پایه‌ای که ابن‌مقفّع متن عربی خود را از روی زبان پهلوی ساسانی به عربی گزارش کرده است. اندرزنامه‌ها در زبان فارسی طیفی وسیع دارد. بسیاری از اندرزنامه‌ها، چه در زبان فارسی، چه عربی و چه پهلوی، به شخصیت تاریخی «خسرو» منسوب است؛ شاهی که غالباً آن را با انوشروان یکی می‌انگارند.

یکی از دلایل این انتساب می‌تواند این باشد که خانوادهٔ ایرانی به مدت هشتصد سال، بدون تغییر، ساختار پدرسالارانهٔ خود را حفظ کرد. در **مادیکان هزار دادستان** [گزارش هزار داوری در زمینهٔ قضا] که از قرن پنجم فراتر نمی‌رود، روش‌های بسیار کهنه در قسمت‌هایی از قوانین وجود دارد که نشان از انعطاف‌ناپذیری در تحوّل خانوادهٔ ایرانی می‌دهد؛ مثلاً، اینکه به پدر خانواده حق می‌داده است که زن و فرزندانش را به قتل برساند و مثل برده بفروشد.[۴۲]

اما جهانگشایی‌های خسرو انوشروان و باز شدن درهای ایران به سوی افکار و اندیشه‌ها و مآثر جدید، خانواده را نیز دستخوش تحوّل

---

۴۰. نک: شارل هنری دوفوشه کور، همان، ص ۳۷.

۴۱. همان، ص ۴۰.

۴۲. علی‌اکبر مظاهری، خانوادهٔ ایرانی در دوران پیش از اسلام، ترجمهٔ عبدالله توکل، تهران: قطره، ۱۳۷۳، ص ۳۲۹.

کرد. مفاهیم کهن هزارساله متحوّل شد و انسان ایرانی، چه‌بسا برای نخستین بار، مدعی زیستن به‌سان فردی شد که برای خود دربارهٔ مسائل زندگی دارای نظر است و آرزومند آنکه از آزادی‌های ابتدایی خود بهره‌مند شود.

دورهٔ انوشروان برای کیش رسمی زردشتی نیز آغاز آزادی اندیشه بود. حتی گفته می‌شود این فضای آزاداندیشانه برای پذیرش اسلام زمینهٔ مناسب را فراهم آورده است. به همین سبب است که نام «خسرو» در حافظهٔ نسل‌ها با تحوّل و آزادمنشی توأم گشت و امتیاز ویژه‌ای کسب کرد که مؤلفان با انتساب چیزهایی که نیکو و خردمندانه می‌دانستند به خسرو مفروض، برای تأثیر سخنان خود در میان خوانندگان پیشاپیش اقبال مناسب را فراهم آورند. حتی نگین انگشتری او و تاج شاهانه‌اش از درج اندرزها بی‌نصیب نماندند. گویند بر تاج او چنین چیزی نوشته بود: به خویشتن‌شناسان از ما درود! البته خطابه‌های آغاز مراسم تاج‌گذاری شاهان جزوی ضروری از این مراسم است. خطبهٔ نوروزی رسم هر سالهٔ شاهی بوده است. متنی از ابن‌مقفّع، متوفی حدود ۱۳۹ هجری قمری، به‌دست آمده است که در آن وصف مراسم خطبهٔ تاج‌گذاری ساسانی هنگام نوروز آمده است.[۴۳]

پادشاه در ابتدای سخن اعلام می‌کرده است که: امروز روزی است که باید آنچه را زمان فرسوده است نو کرد. پادشاه، در واقع، نوعی عهد تازه می‌کرده است یا عهدی نو می‌بسته است با رعایای خود. کف زدن حاضران نشانهٔ موافقت ایشان با این عهد تازه می‌بود. وصایای او، یا نامه‌ای که برای فرزندش می‌گذاشت، میراث رفتار نیکو را گوشزد می‌کرد، این سنت تا سال‌ها پس از پایان دورهٔ ساسانی و در عهد اسلام همچنان

---

۴۳. نک: شارل هنری دوفوشه کور، همان، ص ۶۱.

زنده بود و کتاب قابوسنامه ادامهٔ همان سنت در پوشش تازه است.

در کنار اندرزنامه‌های شاه دادگری چون خسرو انوشروان، پندهای مشاور خردمندش، بزرگمهر، بخش درخور توجهی از ادبیات پندنامه‌ای را تشکیل می‌دهد.[۴۴] فردوسی در شاهنامه‌اش توجه خاصی به این سنت ادبی نشان داده است. فردوسی هم اندرزهای انوشروان هم سخنان خردمندانهٔ بزرگمهر را از مایه‌های اثر خود قرار داده و هر دو را به نظم کشیده است.

ارج نهادن به خرد و نقش اساسی قائل شدن ایرانیان برای آن در آفرینش، باارزش‌ترین میراثی است که تفکر یزدانی قوم ایرانی برجا گذاشته است. این خرد همانا «عقل اوّل» است که در حکمت اسلامی بازمی‌یابیم. اندرزها و سخنان حکمت‌آمیز دانایان کهن درواقع ریشه در همین برداشت ازلی از خرد دارد. در داستان مینوی خرد (= احکام و رای مینوی خرد)، در مقدمهٔ مؤلف، که برای ما ناشناس است، می‌گوید: «آفریدگار بسیار نیک این مخلوقات را به خرد آفرید. و آنان را به خرد نگاه می‌دارد. و به‌سبب افزار خرد که سودبخش‌ترین است، آنان را پایدار و بی‌دشمن، به جاودانگی همیشگی، از آنِ خود کند.»[۴۵]

چند نکتهٔ کلیدی در این تعریف از خرد نهفته است که بهتر است آن‌ها را برجسته کنیم. نکتهٔ اوّل، نیک‌خواهی خداوند است، و از این نیک‌خواهی است که او آفرینش را به خرد می‌آفریند؛ نکتهٔ دوم، نتیجهٔ این گزینش است، یعنی نیک‌مندی و سودبخشی خرد، همچون جوهری مستقل، است؛ نکتهٔ سوّم، نقش هدایت‌گرانهٔ خرد برای رستگاری و جاودانگی همیشگی است.

---

۴۴. هانری ماسه، با استفاده از نوشتهٔ کریستن‌سن دربارهٔ بزرگمهر، او را درواقع همان برزویه حکیم می‌داند، شخصی که مترجم تانترا، کلیله و دمنه، از سانسکریت به پهلوی بوده است.

۴۵. مینوی خرد. ترجمهٔ احمد تفضلی، تهران: بنیاد فرهنگ ایران، ۱۳۵۴، ص ۲.

همین مفهوم از خرد است که سایه‌اش را نیز بر مفهوم یونانی سوفیا (Sophia)، یا حکمت الهی، افکنده است و هم مفهوم یهودی حکمت از آن متأثر است.

در **کتاب امثال سلیمان نبی**، یکی از بخش‌های سی و نه گانهٔ **عهد عتیق**، از زبان حکمت می‌گوید: «من حکمتم و در زیرکی سکونت دارم.»[۴۶] ثمرهٔ خود را از طلای ناب بهتر می‌داند؛ مدعی است که دولت و جلال با اوست. اما آسان به چنگ نمی‌آید، چون می‌گوید: «هرکه مرا به جدّ و جهد بطلبد مرا خواهد یافت.»[۴۷] و خرام او نیز در طریق عدالت است، در میان راه‌های انصاف، و می‌گوید: «من از ازل برقرار بودم، از ابتدا، پیش از بودن جهان، هنگامی که لُجّه‌ها نبود، من مولود شدم. وقتی که چشمه‌های پُرآب وجود نداشت. قبل از آنکه کوه‌ها برپا شود. پیش از تلّ‌ها مولود گردیدم.»[۴۸] و در ادامه، این جملهٔ تأمل‌انگیز را می‌آورد: «و زمانی که بنیاد زمین را نهاد، آن‌گاه نزد او معمار بودم.»[۴۹]

کارل گوستاو یونگ معتقد است که چنین برداشتی از حکمت نشانه‌ای است از تأثیر یونانی که از طریق آسیای صغیر و، اگر تاریخی دیرتر برای آن قائل شویم، از طریق اسکندریه به محیط فرهنگی یهود وارد شده است.[۵۰] یونگ دربارهٔ تأثیرپذیری یهود از خرد ایرانی طبعاً ساکت است. حوزهٔ دانش او، که از قضا فراگیر و الهام‌آمیز است، بیشتر به دانش یونانی متکی است. به‌هرحال، مفهوم سوفیا، یا حکمت الهی، آن نفخهٔ ازلی مؤنث‌گونه است، دارای کیفیتی یزدانی، که پیش از آفرینش وجود داشته است. جای آن نیست که از تأثیرپذیری متقابل

---

۴۶. **امثال سلیمان نبی**، باب هشتم، ۱۲.
۴۷. همان، باب هشتم، ۱۷.
۴۸ همان، باب هشتم، ۲۳۲۶.
۴۹. همان، باب هشتم، ۳۰.
۵۰. کارل گوستاو یونگ، **پاسخ به ایوب**، ترجمهٔ فؤاد روحانی، تهران: جامی، ۱۳۷۷، ص ۶۳.

دو فرهنگ ایرانی و یونانی سخن بگوییم. **کتاب ایوب**، که مورد بحث یونگ روانشناس است، در باب بیست و هشت، از اشتیاق ایوب پرده برمی‌دارد که در جست‌وجوی حکمت (= خرد) است و آن را نمی‌یابد: «لیکن خرد کجا یافت می‌شود؟ و مقام دانایی کو؟» طبعاً ایوب، با این پرسش، بی‌اطلاعی خود را دربارهٔ سوفیا، که از ازل همنشین خدا بوده، اعتراف می‌کند. افراد بشر خود را نیازمند حکمت می‌دانند، زیرا حکمت در دست آن‌ها می‌تواند نگه‌دار آن‌ها در برابر «بوالهوسی‌های یهُوَه» باشد. این حکمت خودمختار به صورت یار و یاور و مدافع انسان‌ها در برابر یهُوَه می‌تواند به کار آید. در **کتاب ایوب** نیز، همچون **کتاب امثال سلیمان‌نبی**، خرد بی‌بها خوانده می‌شود: «به زر دست‌یافتنی نیست، و نه به سیم توان بهایش پیمود.»[51]

اما نقش خرد نزد ایرانی کاملاً متفاوت است با آنچه در **کتاب ایوب** و به تعبیر دیگر در فرهنگ یهود انعکاس یافته است. در نزد یهود، ترس از خدا نه‌تنها حکم یک ضابطهٔ کلی دارد، بلکه اصل و سرمنشأ حکمت است. حال آنکه در فرهنگ ایرانی خرد منشأ نیکی و نیکویی، و سرآغاز آگاهی است. نه‌تنها گیتی را به نیروی خرد می‌توان به نیکوترین وجه اداره کرد، بلکه مینو را نیز به یاری خرد می‌توان از آنِ خود کرد. چنین خردی در ادبیات دینی زردشتی «خرد اکتسابی» خوانده می‌شود، اما خردی که خدا به یاری آن هستی را هست کرد «خرد عزیزی» نام دارد. بااین‌همه، جوهر هر دو خرد یکسان است و خرد اکتسابی نیز بهره‌ای است از جانب خداوند: «از همهٔ نیکی‌هایی که به مردمان می‌رسد خرد بهتر است.»[52] به تصریح **مینوی خرد** (= روح عقل) مؤلف کتاب، که خود به جست‌وجوی یافتن پرسش‌های دشوار

۵۱. قاسم هاشمی‌نژاد، کتاب ایوب، تهران: هرمس، ۱۳۸۶، ص ۹۳.
۵۲. مینوی خرد، همان، ص ۴.

زندگی‌اش برآمده بود، پس از پژوهش‌های بسیار دریافت که «همهٔ کارهای نیک و اعمال خوب را به نیروی خرد می‌توان از آنِ خود کرد.»[۵۳] او از آن پس کوشید تا خشنودی **مینوی خرد** را به دست آورد.

جامعهٔ ایرانی هیچ‌گاه از نظر داد و دین یک‌دست نبود. سرزمین ایران را اقوام متعدد و مختلفی شکل می‌داد. تنوع دین و آیین از آنان جامعه‌ای رنگارنگ می‌ساخت. اما همگان یک هم‌پیوندی مشترک داشتند که آن‌ها را ایرانی می‌کرد. آنچه مردمان این اقوام گونه‌گون را به هم می‌پیوست یک جهان‌بینی آیینی بود که در پیوند میان جهان کوچک (مردم) و جهان بزرگ بنیاد می‌گرفت.[۵۴] بریدن از این جهان‌بینی نشان غیرایرانی (= انیرانی) بود. فراموش نکنیم که ایری (پارسیگ erih) رفتار نیکو و نجیبانه معنی می‌دهد. چنین نگره‌ای رفتار را از آموزه جدا می‌کند.

هنگامی که خداوند جهان بزرگ را آفرید، طبعاً و ناگزیر، خود را به طرزی نهانی در آفرینش خود وارد کرد. هستی دستکار اوست و اثر انگشت او را دارد. درنتیجه، هر عنصری از کائنات عین اوست. این عقیده که خدا را از طریق آنچه آفریده است می‌توان شناخت، از همین برداشت ناشی شده است. بشر راه درازی پیمود تا به این حقیقت برسد که خدا مطلقاً عین حقیقت است و چون از ابتدا تا انتها همه حقیقت اوست، پس ناچار بشر نیز تجلّی حقیقت اوست.

ادبیات ایران بر یک زمینهٔ اصلی استوار است و آن اخلاق است. کل این مجموعه متأثر از سنتی دیرپای کهن است که به صورت اندرزنامه متجلّی شده است. اندرزنامه‌ها راه را برای حکایت باز کردند و سبب شکل‌گیری این نوع (genre) ادبی شدند. از دل همین اندرزنامه‌ها،

---

۵۳. همان، ص ۵.

۵۴. نک: رهام اشه، آذربادِ مهرسپندان، تهران: تیمورزاده، ۱۳۸۳، ص ۱۰۳.

از قرن پنجم هجری، رسائل اخلاقی شکل گرفتند. نقش ادبی رسائل رفته‌رفته گسترش می‌یابد تا آنجا که در آثار سعدی به اوج می‌رسد و قرن‌ها اخلاق و رفتار جامعهٔ ایرانی را زیر سیطرهٔ خود می‌گیرد.

درواقع، جوهر این آثار را در عرصه‌های سه‌گانهٔ پندار نیک، گفتار نیک، کردار نیک می‌توان دید.

اندرز، سخنان معرفت‌آمیز، هنگامی که در یادها می‌نشیند، نقش وجدان را ایفا می‌کند. به فرد کمک می‌کند تا در جامعه حالت سازش و آمیزگاری داشته باشد، و به سبب پیشگیرانه بودن آن، سبب سعادتمندی است. در همان حال، اندرزنامه‌ها سازشی صلح‌آمیز میان سرنوشت و کوشش فراهم می‌کنند. بنابراین، بیدار کردن و پیراستنِ انسان هدفِ ادبیاتِ ایران شمرده می‌شود و چون بر مبنای خرد عملی شکل گرفته است، درنتیجه، «نگه‌داشت اندازه» نیز در آن مستتر است. تا آنجا که تفکر فضیلت روشنی‌بخش عدالت می‌شود. عقل هنگامی که با عمل می‌آمیزد بدل به فضیلت اخلاقی می‌شود؛ و حکیم به کسی اطلاق می‌شود که با عقل اوّل، خرد جاویدان، مأنوس است.

در تاریخ ادبیات ایران نام **حکیم** را به چند تن انگشت‌شمار داده‌اند. از آن میان، حکیم ابوالقاسم فردوسی شاخص‌ترین چهره‌هاست. او توانسته است در اثر سترگش، **شاهنامه**، تعالیم حکمی را بر اساس سنت ایرانی استوار کند. از آنجا که وجودش مایه‌ور از حکمت آبا و اجدادی بوده است، هم در جزء و هم در کل اثرش می‌توانسته است ساختار **شاهنامه** را هدفمند کند و از آن نمونه‌ای از جنگ نیکی و بدی بسازد؛ در جزءجزء اثرش نیز روحیهٔ اخلاقی او را می‌توان دید که با گذشتهٔ فرهنگی خود در آمیزش و بده‌بستان است و هر سطرش حاوی خردی است که افق ادبی اثرش را در تماس دائمی با حقیقت قرار می‌دهد.

از این لحاظ، محتوای سرشار این اثر بزرگ به بهترین نحو نمایانگر دستمایهٔ اخلاقی‌ای است که ادبیات ایران به ارمغان آورده است.

احتوای **شاهنامه** به کرد و کار شاهان باستانی ایران و ثبت تاریخی و زمانمند کارنامهٔ اعمالشان این شبهه را برای برخی پیش آورده است که این اثر را نوعی «مرآةالامرا» و «نصیحةالملوک» بینگارند. سیطرهٔ فرّ شاهی و سرنوشت رنجبار انسان‌هایی که زندگی‌شان در جدال دائمی با خود و با محیط می‌گذرد و بزرگی کرد و کارشان شگفت‌آسا ستایش شده است، این وعده را به خواننده می‌دهد که روزگار خود را در آینهٔ گذشتگان ببیند و بنگرد.

با این همه، **شاهنامه** برای ما از این برداشت فراتر می‌رود. در **شاهنامه** ما با آن مکارم اخلاقی و کمالات پسندیده‌ای مواجه هستیم که جوهر شخصیت ایرانی را تشکیل می‌دهد. محمدعلی فروغی در ستایش **شاهنامه** سخنی دارد که بسیار گویاست: «**شاهنامه** قباله و سند نجابت» ایرانیان است.[۵۵] توصیف شخصیتی که او از فردوسی می‌دهد نیز جالب است: «کلیتاً فردوسی مردی است به‌غایت اخلاقی، با نظر بلند و قلب رقیق و حسّ لطیف و ذوق سلیم و طبع حکیم. همواره خواننده را متوجه می‌سازد که کار بد نتیجهٔ بد می‌دهد و راه کج انسان را به مقصد نمی‌رساند.»[۵۶]

سیاهه‌ای که فروغی از موضع اخلاقی فردوسی در **شاهنامه** ارائه می‌دهد این‌هاست: «مذمت دروغ و محسنات راستی، لزوم حفظ قول و وفای به عهد، مشاوره با دانایان و بردباری و حزم و احتیاط و متانت، قبح خشم و رشک و حسد و حرص و شتابزدگی و عجله و سبکسری، فضیلت قناعت و خرسندی و بذل و بخشش و دستگیری فقرا، ترغیب به

---

۵۵. محمدعلی فروغی و حبیب یغمایی، **منتخب شاهنامه** (برای دبیرستان‌ها)، وزارت فرهنگ، ۱۳۲۱، ص ۳۱.
۵۶. **هزارهٔ فردوسی** (شامل سخنرانی‌های جمعی از فضلای ایران و مستشرقان دنیا در کنگرهٔ هزارهٔ فردوسی)، تهران: دنیای کتاب، چ ۲، ۱۳۶۲، ص ۳۷.

کسب نام نیک و آبرومندی و عفو و اغماض و سپاسداری و رعایت حق نعمت، احتراز از ننگ و عیب و جنگ و جدال و خونریزی غیرلازم، افراط و تفریط، لزوم میانه‌روی و اعتدال و رحمت آوردن بر اسیر و بنده و عاجز، عیب غرور و خودخواهی.»[۵۷]

طبع حکیمانۀ فردوسی آنچه از اخلاق توصیف کرده است نه‌تنها ما، بلکه جهانیان، به عنوان اخلاق ایرانی بازمی‌شناسند. این اخلاق نه‌تنها وجه آرمان‌خواهانه، بلکه زیبایی‌شناسانۀ خرد است که کیفیت عام پیدا کرده است.

---

۵۷. محمدعلی فروغی و حبیب یغمایی، همان، ص ۳۹.

کتابنامه

اَشه، رَهام. **آذرباد مهرسپندان**، تهران: تیمورزاده، ۱۳۸۳.

تاریخ سیستان، تصحیح ملک‌الشعراء بهار، تهران: کتابخانهٔ زوار، بی‌تا.

دوفوشه کور، شارل‌هنری. **اخلاقیات**، ترجمهٔ محمدعلی امیرمعزی و عبدالحمید روح‌بخشان، تهران: مرکز نشر دانشگاهی، ۱۳۷۷.

فروغی، محمدعلی و حبیب یغمایی. **منتخب شاهنامه** (برای دبیرستان‌ها)، وزارت فرهنگ، ۱۳۲۱.

گوستاو یونگ، کارل. **پاسخ به ایوب**، ترجمهٔ فؤاد روحانی، تهران: جامی، ۱۳۷۷.

مسکویه، احمد بن محمد. **جاویدان خرد**، تهران: مؤسسهٔ مطالعات دانشگاه مک‌گیل، ۲۵۳۵.

مظاهری، علی‌اکبر. **خانوادهٔ ایرانی در دوران پیش از اسلام**، ترجمهٔ عبدالله توکل، تهران: قطره، ۱۳۷۳.

مینوی خرد. ترجمهٔ احمد تفضلی، تهران: بنیاد فرهنگ ایران، ۱۳۵۴.

هاشمی‌نژاد، قاسم. **کتاب ایوب**، تهران: هرمس، ۱۳۸۶.

هزارهٔ فردوسی (شامل سخنرانی‌های جمعی از فضلای ایران و مستشرقان دنیا در کنگرهٔ هزارهٔ فردوسی)، تهران: دنیای کتاب، چ ۲، ۱۳۶۲.

نگاهی به سه اسطورهٔ ایرانی

۱. جمشید، داستانی از کمال و زوال:

برآمدن و فرو نشستن فرّ و فرهنگ

جمشید، در اساطیر ایرانی، با صفاتی خوانده می‌شود که سیمای او را با خورشید شباهت می‌دهد. او را معمولاً با صفت خشئته [Khshaeta]، به معنی تابان و فروزان، می‌خوانند. و این صفت رایج‌ترین صفتی است که برای توصیف خورشید، هورخشئته [Hvare Khshaeta]، به‌کار می‌رود. خورشید فروزان، جمشید، در عین حال فره‌مند و بسیار بافروغ و خورشیدسان [Hvare Daresa] خوانده می‌شود. او در عین حال به «دارندهٔ رمه خوب» توصیف شده است.

صفت اخیر درواقع اشاره به جمع ستارگانی دارد که خورشید را در فلکش دنبال می‌کنند. این ستارگان فروغ پارسایانی هستند که به آسمان ربّانی کوچ کرده‌اند و در خورشید پایه، به صورت ثوابت، آرایش آسمان‌اند. در توصیفات مشترک اوستایی‌ودایی، این ستارگان

به اسبانی تشبیه می‌شوند که به مروارید آراسته‌اند و می‌درخشند.

فرّ و شکوه جمشید چنان در روایات ایرانی ریشه دوانده است که فردوسی وی را به خورشید تشبیه می‌کند، تخت و تاج او را پُرفروغ می‌یابد و فرّ شاهی را در پیشانی او فروزان می‌بیند. فردوسی، در عین حال، توصیفی را دربارهٔ جمشید به کار می‌برد که بسیار مهم است و هیچ مناسبتی با شهریاری وی ندارد، اما از نقش هدایت‌گر آسمانی او پرده برمی‌دارد: «روان را سوی روشنی ره کنم.» این عبارت فردوسی برگرفته از جمله‌ای است که در «وندیداد» آمده است و در آن از کار جمشید برای فراخ ساختن زمین سخن می‌رود که به راه خورشید درمی‌آید. جمشید، در راه خورشید، روان مردگان را به راه خورشید، راه خود، رهنمون است.

فردوسی می‌گوید وقتی جمشید اسیر غرور می‌شود و منی پیش می‌گیرد و خود را «جهان‌آفرین» می‌خواند، فرّ از او جدا می‌شود. فرجام جمشید، هنگامی که فروغ فرّ او را ترک می‌گوید، با تاریکی همراه است. جهان بر او تیره و تار می‌شود.

جمشید، بنیان‌گذار نوروز، آغاز بهار، شمرده می‌شود. اما دیو سرما و یخبندان، مهر کوشه [Mahr Kosha]، این بهار را تباه می‌کند؛ هرچند نابود نمی‌شود. نگهداری می‌شود تا سال دیگر و بهار دیگر.

شکست جمشید در برابر دیو توفان‌زایی، به نام اَژی‌دَهاک [ضحاک]، سرنوشت دردناکی را برای او رقم می‌زند. او که در درختی پنهان شده از سوی اَژی‌دَهاک اره می‌شود. دو خواهر او، شهرناز و ارنواز، به اسارت ضحاک درمی‌آیند. این دو خواهر در واقع نماد و نمون دو اسب پُرفروغی هستند که گردونهٔ جمشید را می‌کشند. فریدون، ایزد توفان، این دو خواهر، نمادهای پرفروغ اسبان جمشید، را نجات می‌دهد.

اهمیت جمشید در اساطیر ایرانی بی‌همتاست. دانش و فرهنگ او به همه‌چیز فروغ و روشنی بخشید از کارهای عمرانی گرفته تا فن کشتیرانی. فردوسی تسلّط جمشید را بر دیوان علّت شهرت او در کارهای عمرانی و ساختمانی می‌داند:

به سنگ و به گچ دیو دیوار کرد
نخست از برش هندسی کار کرد
چو گرمابه و کاخ‌های بلند
چو ایوان که باشد پناه از گزند

نویسندگان دوران اسلامی با توجه به کیاست و فره‌مندی جمشید او را با سلیمان پیامبر یکی دانستند.

در همان حال، جمشید باغی طبق فرمان اهورامزدا ساخت تا مردمان از گزند توفان و برف در امان بمانند. به سبب همین کار کیایی برخی حتی او را به نوح تشبیه می‌کنند.

جمشید هم شهریار است و هم موبد بزرگ. او مربی معنوی و مادی جهانیان بود. به فرمان اهورامزدا او نگهبان و حافظ آفریدگان آفریدگار گشت. خداوند به او نگین زرین و عصای زرین می‌دهد؛ نمادی برای حراست از رمهٔ آفریدگار.

اوستا جمشید را چنین توصیف می‌کند:

پُرفروغ و با رمهٔ خوب و خورشیدسان،
کسی که در شهریاری خود جانور و مردمان را نمردنی ساخت،
آب و گیاه را نخشکیدنی،
نه پیری بود، نه مرگ، نه رشک دیوآفریده.

به برکت این شکوه و جلال خدادادی، او دیوان و بچه‌دیوان را مطیع کرد، مال و مکنت و رونق و شهرت را افزون ساخت. دیگر نه دردمندی

بود و نه بیماری. این دوران طلایی با گناه جمشید رو به زوال رفت. فرّ او چون مرغی بال‌کشان از او جدا شد و جمشید در تاریکی گناه خود فروماند.

هرچند فردوسی دوران شهریاری جمشید را هفتصد سال می‌گوید، اما در فلسفهٔ آیین زردشت، این دورهٔ نیکی و نیکویی جهان، هزار ساله است همچنان که دوران ضحاک نیز هزار سال به درازا می‌کشد.

کتابنامه

ا. جی. کارنوی. **اساطیر ایرانی**، ترجمۀ احمد طباطبائی، تهران: با همکاری انتشارات فرانکلین، ۱۳۴۱.

بهار، مهرداد. **پژوهشی در اساطیر ایرانی**، «داستان جم»، تهران: توس، ۱۳۶۲.

شاهنامه، تصحیح جلال خالقی مطلق، تهران: دایرةالمعارف بزرگ اسلامی، ۱۳۸۶.

فرنبغ دادگی. **بندهش**، گزارش مهرداد بهار، تهران: توس، ۱۳۶۹.

مزداپور، کتایون. **داستان گرشاسب، تهمورس و جمشید و گلشاه و متن‌های دیگر**، تهران: آگاه، ۱۳۷۸.

هدایت، م. **سوورا [Suwra] و اشتر [Ashtra] در داستان جم وندیداد**، تهران: انجمن فرهنگ ایران باستان، ۱۳۴۹.

۲. نبرد رستم و دیوان

در یک متن سُغدی

داستان جنگ رستم با دیوان از یک متن سُغدی می‌آید.[۵۸] این متن در سال ۱۹۰۰ میلادی و هنگام تعمیر یک غار در ایالت کانسو چین کشف شد. متن سُغدی در کتابخانه‌ای قرار داشت که مدت نُه قرن بسته و دست‌نخورده مانده بود. بخشی از این متن را یک پژوهندهٔ انگلیسی به موزهٔ بریتانیا برد و بخش دیگر را یک دانشمند فرانسوی به پاریس و به کتابخانهٔ ملّی آن سپرد. وقتی که این دو قطعه از سوی کارشناسان سرهم شد، چیزی به دست آمد که زمینه را برای همه‌گونه خیال‌بافی فراهم می‌کند.

در قطعهٔ اول، دیوان از ترس رستم گریختند. وحشت آن‌ها از دلاوری رستم چندان شدید است که هنگام فرار عده‌ای زیر دست و پا مُردند. بقیه وارد شهر شدند. دروازه‌ها را بستند. رستم با خیال راحت به مرغزاری رفت. زین از رخش برگرفت و اسب را در سبزه‌زار رها

۵۸. اسطورهٔ بازیافتهٔ سُغدی در مقدمهٔ فقه‌اللغهٔ ایرانی، تألیف ای.ام. اُرانسکی، ترجمهٔ کریم کشاورز، ۱۳۵۸، ص ۲۰۲ آمده است. گزارش دیگری از این متن به دست بدرالزمان قریب، در شاهنامه‌شناسی، شمارهٔ یک، ۱۳۵۷ صورت گرفت که از ترجمهٔ پیش‌گفته پاکیزه‌تر است.

کرد. غذا خورد؛ سیر شد، بستری درست کرد و دراز کشید و خوابید.

دیوان از این شکست شرمسارانه، آن هم از یک تن، انجمن کردند و شور و شیون کردند. تصمیم گرفتند به جنگ رستم بروند. «یا همگی بمیریم و نابود شویم، یا کین خدایان خواهیم.»

قطعهٔ دوم هجوم دیوانی است که از ضرب شست رستم جان به در برده‌اند. خودشان را با ساز و برگ و سلاح‌های نیرومند مجهز کردند. دروازهٔ شهر را گشودند. گروهی کماندار، گروهی گردونه‌سوار، گروهی سوار فیل، سوار گراز، سوار روباه، سوار سگ، سوار مار و سوسمار، بسیاری هم پیاده، بسیاری در حال پرواز، مانند کرکس و خفاش به سوی جنگ شتابان راه افتادند. بسیاری سرها پایین و پاها بالا، غرش‌ها برانگیختند. هیاهوی عظیمی به‌پا کردند. دهان‌هایشان را باز کردند و آتش و شعله و دود بیرون ریختند. رفتند به جست‌وجوی رستم دلاور.

رخش تیزهوش که سروصدایشان را شنید و از هجوم آن‌ها باخبر شد، آمد و رستم را از خواب بیدار کرد.

رستم از بستر برخاست، جامهٔ رزم آراست. جامه‌اش پوست پلنگ بود ببر بیان. ترکش‌دان را به خود بست. بر رخش سوار شد. سوی دیوان شتافت. چشمش که به سپاه دیوان افتاد به رخش خود گفت: «بیا تا کم‌کم بگریزیم و پس‌بنشینیم. کاری کنیم که دیوان را به جنگل بکشانیم و در آنجا حساب آن‌ها را برسیم.»

متن سُغدی در اینجا تمام می‌شود، اما شاهنامهٔ فردوسی، که هفت‌خوان رستم را کامل توصیف کرده، به ما می‌گوید که نتیجهٔ این نبرد چه بوده است.

پر از خون، سر دیو کنده ز تن
بینداخت زان سو که بود انجمن
چو دیوان بدیدند گوپال اوی

بدریدشان دل ز چنگال اوی
نکردند یاد از بر و بوم و رُست
پدر بر پسر بر همی راه جُست
برآهیخت شمشیر کین پیلتن
بپرداخت یک بهره زان انجمن[۵۹]

۵۹. **شاهنامه**، دفتر دوم، ص ۳۸.

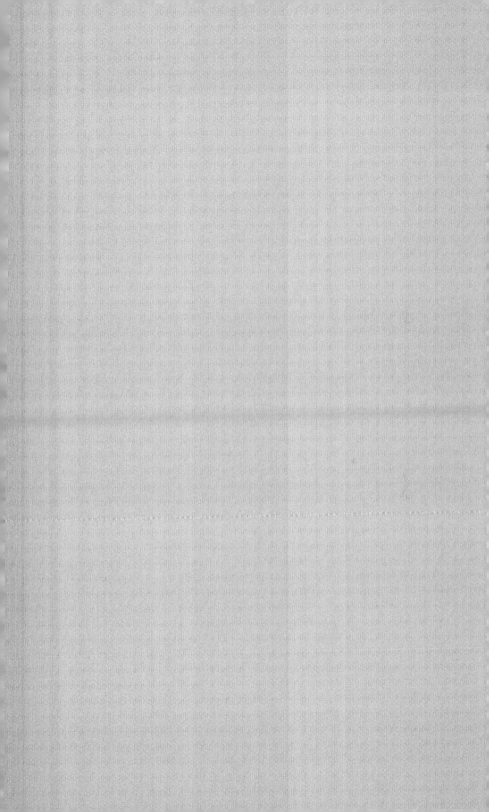

۳. زمینه‌های اسطورهٔ آرش

تقریباً همهٔ متون تاریخی گذشته، اعم از **تاریخ بلعمی**، **تاریخ طبرستان**، **مجمل‌التواریخ و القصص** و حتی اثر علمی **التّفهیم** بیرونی، یک روایت ثابت را دربارهٔ واقعهٔ آرش ارائه می‌دهند. این واقعه با یورش افراسیاب به سرزمین ایران شروع می‌شود. منوچهر، که در کودکی به شاهیِ ایران انتخاب شده، در هنگام حملهٔ افراسیاب جوانکی بیش نیستَ. گسیختگی اوضاع ایران هم افراسیاب را به حمله ترغیب کرده و هم این گسیختگی اوضاع سبب شده است ایرانیان، به رهبری منوچهر جوان، نتوانند از پسِ حملهٔ افراسیاب برآیند. منوچهر و سپاه ایران ناگزیر می‌شوند از پیشِ افراسیاب، با توسّل به جنگ و گریز، عقب بنشینند. منوچهر به طبرستان پناه می‌برد و در شهر آمل حصاری می‌شود.

در سنت اساطیری دو روایت از تعیین مرز ایرانشهر و توران وجود دارد. در سنتِ کمتر شناخته‌شده در میان ایرانیان امروزین، آن‌که تیر پرتابی را در کَمان می‌نهد کودک نوجوانی است به نام زَو طهماسب که

در متون اوستایی به اوزَوَه توماسپانه [Uzava Tumâspana] شناخته می‌شود. همین نام است که در **شاهنامه** به صورت زَو [Zawo] طهماسب درمی‌آید. ظاهراً این روایت باید از روایت آرش کهن‌تر باشد. این ادعا را خویشکاری افراسیاب، که یک شخص زیانکار و از جملهٔ دیوان خشکی است، تأیید می‌کند. با یورش افراسیاب به ایران، رودها از حرکت باز می‌ایستند، ابرها پراکنده می‌شوند و باران از ایرانشهر دریغ می‌شود.

اقامت هفت‌سالهٔ افراسیاب در ایران با خشکسالی، مرگ مردم از گرسنگی، کمبود مواد خوراکی و مرگ و میرهای همگانی ناشی از آلودگی هوا و تباهی گیاهان و جانوران همراه است.

افراسیاب دانایان و ستاره‌شماران را فرامی‌خوانَد و از آن‌ها علت خشکسالی را جویا می‌شود. علت خشکسالی، البته، وجودِ اهریمنی خودِ افراسیاب است. اما دانایان و ستاره‌شماران جرئت ابراز این حقیقت را ندارند. افراسیاب آن‌ها را به زندان می‌اندازد.

این حقیقت را، که وجود خودِ افراسیاب باعث بی‌بارانی و قطع رحمت ایزدی است، منوچهر به او پیغام می‌دهد. عاقبت افراسیاب ناگزیر می‌شود ایرانشهر را ترک کند. اما مرز واقعی ایرانشهر و توران کجاست؟ پیشنهاد دانایانِ ایران را، که با یک تیرِ پرتابی سرنوشت مرز دو کشور معین شود، افراسیاب سریعاً می‌پذیرد. تصوّر افراسیاب آن است که منوچهر کودک و ساده‌لوح نمی‌فهمد که بُردِ یک تیر پرتابی آن‌قدرها نیست و چه بسا مرز دو کشور در همین نزدیکی‌ها باشد.

تیر را نشانه می‌نهند هم از سوی افراسیاب و هم از سوی منوچهر.

کسی که مأمور پرتاب می‌شود کودکی است که تازگی یال برکشیده و نام او زَو طهماسب است: زَو، پسر طهماسب. او کودکی پاک‌نهاد و منظور نظر ایران است. تیرِ او را مرغِ باد با خود می‌برد و در کنار رود

جیحون بر درختی [گویند این درخت گردوبُن بود] می‌نشاند.

افراسیاب ناخواسته مرز را می‌پذیرد. با خروج افراسیاب از ایرانشهر باران فرومی‌ریزد. زمین زنده و خرّم می‌شود.

در روایت مربوط به آرش، که اغلب از سوی تاریخ‌نویسان نقل شده است، نقش خویشکاری افراسیاب، که زیان رساندن و خشکسالی آوردن است، در سایه گذاشته شده و تأیید و تکیه بر قوّت مردانگی آرش شده است. درواقع، تاریخ‌نویسان آگاهانه واقعهٔ اسطوره‌ای را از عناصر اسطوره تهی کرده‌اند و واقعهٔ تعیین مرز را به آرش نسبت داده‌اند؛ یا احتمالاً نقش تاریخی آرش را، که بسا جنبهٔ واقعی داشته است، در زمینهٔ شخصیت‌های اسطوره‌ای و وقایع اسطوره‌ای آورده‌اند.

فی‌المثل، با آنکه مؤلف ناشناختهٔ **مجمل التواریخ و القصص** اطلاعش از واقعه را به روایت بهرام موبد شاهپور مستند می‌کند، نقل او بیشتر به رعایت جنبهٔ تاریخی آرش معطوف است تا ماهیت اساطیری واقعه. حتی ابوریحان بیرونی نیز در نام‌گذاری روز سیزدهم تیر به تیرگان، جنبهٔ تاریخی آرش را بیان می‌کند.

تنها کسی از متأخران که دو جنبهٔ اساطیری زَو طهماسب و آرش را درهم می‌آمیزد و از ادغام آن‌ها داستانی فرامی‌آورد که هم جنبهٔ اسطوره‌ای [خشکسالی و دریغ شدن باران از ایرانشهر] و هم جنبهٔ تاریخی در آن بازتاب یافته است سدیدالدّین محمّد عوفی است. او در مجموعهٔ عظیم خود، **جوامع‌الحکایات و لوامع‌الروایات**، که دائرةالمعارف داستان‌های ایرانی است، داستان آرش را با تکیه بر خشکسالی ایرانشهر در دورهٔ هجوم هفت‌سالهٔ افراسیاب نقل می‌کند.

چه‌بسا این رفتار عوفی نشان می‌دهد که کسانی به یکسانی این دو روایت آگاهی داشته‌اند و خالی شدن روایت تاریخی آرش را از جوهر

اسطوره روا نمی‌دانستند و با درهم آمیختن دو شخصیت زَو طهماسب و آرش کوشیدند به شخصیت آرش بُعد تازه‌ای ببخشند و زمینهٔ منطقی آن را با عناصری که اسطوره در اختیار آن‌ها می‌گذاشت شکل بدهند.

البته اسطورهٔ آرش وقتی در دست عوفی، در قرن هفتم، قرار می‌گیرد، دیگر دانش مربوط به اسطوره و همچنین روزشماری ایام مقدّس پارسیان کهن کم و بیش از یادها رفته است. عوفی تفاوتی بین «تیرگان» که مظهر اسطوره‌ای آن آرش است و «آبانگان» که مظهر اسطوره‌ای آن زَو طهماسب است قائل نمی‌شود. اما در مورد ابوریحان بیرونی مسئله کاملاً فرق می‌کند. ابوریحان کاملاً به جزئیات این ایام و تسمیهٔ آن‌ها و سبب نام‌گذاری‌شان آگاه است و در اثر التّفهیم خود آن‌ها را به تفکیک بیان می‌کند.

منابع اسطورهٔ آرش

ابوریحان بیرونی، در **التّفهیم** (ص ۲۵۴)، دربارهٔ تیرگان می‌گوید:

سیزدهم روز است از تیرماه. و نامش تیر است همنام ماه خویش و همچنین است بهر ماهی آن روز که همنامش باشد او را جشن دارند. و بدین تیرگان گفتند که **آرش** تیر انداخت از بهر صلح **منوچهر** که با **افراسیاب** تُرکی کرده است بر تیر پرتابی از مملکت. و آن تیر کفت او از کوه‌های طبرستان بکشید تا بر سوی تخارستان.

داستان آرش زبانزد ایرانیان بوده و در اشعار فارسی هم آمده است. فخرالدین اسعد گرگانی در **ویس و رامین** می‌گوید:

اگر خوانند آرش را کمانگیر
که از آمل به مرو انداخت یک تیر
تو اندازی به جان من ز گوراب
همی هر ساعتی صد تیر پرتاب

تاریخ بلعمی (ج اول، ص ۳۴۳-۳۴۸)، که پادشاه شدن منوچهر را پس از مرگ فریدون آورده، یکی از روایت‌هایی را که بازگویی می‌کند آن است که منوچهر در سنین جوانی در دماوند [منظور سلسله‌جبال البرز است که به خاطر قلهٔ دماوند به این اسم خوانده می‌شد] بزرگ شد و پس از حملهٔ پیمان‌شکنانهٔ افراسیاب در شهر آمل پناه گرفت و حصاری شد و چندین سال مقاومت کرد. افراسیاب کاری از پیش نبرد. قرار شد که صلح‌نامه‌ای بنویسند و بر اساس آن مرز ایران و توران به قدر یک تیرِ پرتابی تعیین شود. افراسیاب به تصور آنکه این تیر پرتابی تا راه دوری نخواهد رفت تن به این مصالحه داد.

«گفتند که مردی بنگرید به لشکر منوچهر اندر که از او قوی‌تر کس نباشد، و تیری بیندازد. هر کجا تیر وی بیفتد آنجا سرحدّ مُلکشان بُوَد. و از آن سوی تیر، حدّ ترکان را بُوَد و افراسیاب را؛ و از این سوی عجم را بُوَد و منوچهر را. و برین بنهادند و هر دو مَلِک و هر دو سپاه این اتفاق ببستند و صلح‌نامه بنبشتند چنین. منوچهر مردی قوی بنگرید اندر

همه سپاه خویش، نام او آرش بود که بر زمین تیراندازتر ازو مردی نبود و قوی‌تر. ورا بفرمود که بر سر کوه دماوند شود. و آن کوهی است که به هیچ شهر کوه بلندتر از آن نیست. بفرمود که بر سر آن کوه شو و آن تیر بینداز، به همه نیروی خویش تا خود کجا افتد. و او از سر آن کوه تیر بینداخت به همه نیروی خویش. تیر از همهٔ زمین طبرستان و زمین گرگان و زمین نشابور و از سرخس و همهٔ بیابان مرو بگذشت و به راستِ جیجون افتاد.»

سدیدالدّین محمّد عوفی. **جوامع الحکایات و لوامع الروایات**، به کوشش دکتر جعفرشعار، تهران: سازمان انتشارات و آموزش انقلاب اسلای، ۱۳۶۳.

مجمل‌التواریخ و القصص، به تصحیح ملک‌الشعراء بهار، کلالهٔ خاور، ۱۳۱۷.

بهاءالدّین محمّد بن حسن بن اسفندیار کاتب. **تاریخ طبرستان**، به تصحیح عباس اقبال، کلالهٔ خاور، ۱۳۶۶.

دو

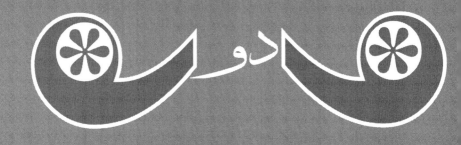

داستان‌سرایی ایرانی: گردآوری مُرده‌ریگ

۱. طرح مسئله

حکایت‌پردازی، قصه‌گویی، افسانه‌سرایی و داستان زدن صناعتی است که همواره به اعتبار جنبهٔ دوگانه‌اش مهم شمرده می‌شد: از یک‌سو برخوردار از آبشخور میراث قوم بود و از سوی دیگر حافظ و ناقل ارزش‌های فرهنگی این میراث. شیوهٔ زندگی [رسوم و آیین]، خصال و خصائص رفتاری و روانشناختی [خُلقیات]، باورداشت‌ها و معتقدات [مناسک دینی]، سوانح و وقایع اجتماعی [تاریخ] و شخصیت‌های برجستهٔ دوران [قهرمانان] در این داستان‌ها که روی سخنش با عامهٔ مردم بود انعکاس می‌یافت. این داستان‌ها، که آفریدهٔ ذوق قصه‌پرداز مردم عادی و هم باب ذائقهٔ مردم عادی بود، منبع دست اوّلی برای شناختن جنبه‌های گونه‌گون زندگی و مَنِش و فرهنگ پیشینیان است. این روایت‌های داستانی، در عین حال، با خصلت ارشاد و هدایت و وظیفهٔ تربیتی‌شان حلقه‌های پیوندی به شمار می‌روند که تداوم فرهنگی

قوم را تضمین می‌کردند و امروزه نیز می‌توانند مرجع خصال و خوی قومی و منشأ انتقال فرهنگ ایرانی باشند.

حکایت و داستان‌پردازی در جامعهٔ ایرانی به یک نیاز طبیعی پاسخ می‌داده است. طبع ایرانی دوستار داستان است و مؤلفان آگاهی چون فردوسی از چنین گرایشی سود برگرفتند تا وحدت ملی، استقلال سیاسی و یکپارچگی فرهنگی را در میان مخاطبان تبلیغ کنند.

هنگامی که فردوسی حکیم در دیباچهٔ **شاهنامه** می‌گوید:

چُن از دفتر این داستان‌ها بسی　　همی‌خواند خواننده بر هرکسی

منظورش از «دفتر» [که گاه از آن به **دفتر پهلوی** نیز نام می‌برد و گاه **نامه**، **نامورنامه**، **نامهٔ شهریار**، **نامهٔ پهلوان**] سرگذشت‌نامهٔ شاهان بوده که به **نامهٔ خسروان** هم شهرت دارد، این «نامه» یا «دفتر» اصلاً به نثر بوده است و آن را **خواننده‌ها** در مجالس برای عامهٔ مردم به صدای بلند می‌خوانده‌اند. به این خواننده‌ها «دفترخوانِ شاهنامه» هم می‌گفته‌اند.

این گروه، یعنی «دفترخوان‌ها»، را نباید با گوسان‌ها یکی شمرد. چون که گوسان‌ها [همچنان‌که در مجلس بزم موبد در **ویس و رامین** می‌بینیم] خنیاگر بوده‌اند. و اغلب هم خنیاگر دوره‌گرد بوده‌اند که داستان‌هایی را به ساز و آواز می‌خواندند و برخلاف «خواننده‌ها» معمولاً سواد خواندن و نوشتن نداشتند و فقط به حافظه متکی بودند.

امروزه که قائل به دو شاخهٔ متمایز، هرچند مکمّل، در حوزهٔ حکایت‌پردازی هستیم و یکی را در مقولهٔ ادب جای می‌دهیم و دیگری را در مقولهٔ فرهنگ عامه، در دو شاخهٔ خواننده و گوسان نیز این تمایز را تشخیص می‌دهیم. اگرچه فرآورده‌های داستانی برای ذوق‌های وسیع فراهم می‌شد، اما از آنچه در آثار گذشته انعکاس یافته درمی‌یابیم که گوسان‌ها به دو نیاز کاملاً متفاوت و متضاد عمومی پاسخ می‌داده‌اند:

۱. در مراسم جشن و شادمانی، نظیر عروسی، حضور مؤثر داشتند ۲. در آیین سوگ و ماتم‌داری زمینه‌ساز فضای تألم و تأثر بودند و با شعرهای بداههٔ خود محسنات و نیکویی‌های فردِ درگذشته را در یادها زنده می‌کردند. به سبب همین نقش می‌توان نتیجه گرفت که گوسان‌ها به ذوق عامّه نزدیک‌تر بودند، مقید به حفظ سنن ادبی نبودند، برخورد ساده‌تر و بی‌پیرایه‌تری با کلام داشتند، اگرچه سروکارشان بیشتر با کلام منظوم بود. حال آنکه خواننده‌ها [که بعداً نقالان و قصّاص و مُذَکِران از آن‌ها در وجود آمدند] وابسته به سنن ادبی بودند و دست‌کم از روی متن می‌خواندند، حتی اگر متن را از حافظه نقل می‌کردند. امروزه که کلمهٔ «خواننده» به معنی آوازخوان منحصر شده است نباید ما را به اشتباه اندازد که خواننده‌های گذشته، آنان که مورد نظر فردوسی بوده‌اند، آوازخوان بوده‌اند. آنان، همان‌گونه که فردوسی درباره‌شان می‌گوید، گشاده‌زبان بوده‌اند؛ یعنی فصیح بودند و شیوایی بیان داشتند و دهنشان گرم بود و سخنشان به دل مردم می‌نشست. به‌اصطلاح دم گرم داشتند.

سنّت گوسانی از ایران به ممالک همجوار انتقال یافت. امروزه می‌توان عاشیق‌های آذری را ادامهٔ همان سنت دانست. گرجی‌یف، که یک عارف سرشناس گرجی‌روسی اوایل قرن بیستم است، در زندگی‌نامه‌اش تصریح می‌کند که پدر او وابسته به این سنّت بود و داستان **گیل‌گمش** را که سینه به سینه به او رسیده بود روایت می‌کرد. روایت پدر گرجی‌یف، آن‌چنان که او می‌گوید، با روایتی که ما امروزه از طریق الواح کشف‌شده از **گیل‌گمش** می‌شناسیم هم در ساخت روایت و هم در پردازش جزئیات متفاوت بوده است. این به معنی آن است که یک روایت ایرانی متعلّق به سنّت گوسانی از داستان **گیل‌گمش** وجود داشته است که تا صد سال پیش زنده بود و امروزه به

کلّی فراموش شده است.

طی تحوّل تاریخی، از ترکیب و تعدیل خواننده و گوسان، دو شاخهٔ فضائلیان و مناقبیان در وجود آمدند. اوّلی، فضائلیان، در فضائل خلفا تبلیغ می‌کرد و به اهل سنّت وابسته بود و دومی، مناقبیان، در منقبت علی بن ابی‌طالب(ع)، و یارانش داستان می‌زد. اما کشورهای همجوار که زیر سایهٔ فرهنگِ داستان‌سرایی ایرانی بودند و از این تحوّلات کم‌وبیش برکنار بودند، سنّت ایرانی گوسانی را دست‌نخورده حفظ کردند. چنان‌که واژهٔ گوسان هنوز در زبان ارمنی زنده است.

۲. سابقه و اهمیت

اهمیت جغرافیای سیاسی ایران‌زمین، که ایران امروز بخش مهم و قلب آن نجد بزرگ را تشکیل می‌دهد، در آن است که حلقهٔ رابط منطقه‌ای وسیع، وسیع‌تر از نجد ایران بود. در این حلقه، شبه‌قارهٔ هندوستان تا خاورنزدیک و خاورمیانه جای داشت. و این حلقه، نقطهٔ اتصال با سرزمین غرب نیز بود. از چنین منظری اگر به مقولهٔ حکایت و حکایت‌پردازی نگاه بیفکنیم و «نظریهٔ هندی» تئودور بنفی [Th. Benfey] را یک زمان کنار بنهیم، به نگرهٔ تازه‌ای دست می‌یابیم. در این نگره، ایران قلبگاه پُر تب و تاب فرهنگ داستان‌پردازی منطقه‌ای وسیع تعیین می‌شود که از یک‌سو تا ترکستان و مرز چین، از سوی دیگر تا ارمنستان و اران و گرجستان و از دیگرسو تا وادی عربستان و آن‌سوتر تا مصر و حتی تا غرناطه [گرانادا] و اشبیلیه [سویل] اسپانیا دامن کشیده است.

درنتیجه، ایران‌زمین بوتهٔ بزرگی است که ارزش‌های فرهنگی متفاوت در آن ذوب گردیده و خصلت‌های قبایل و اُمَم مختلف با جلوه‌های فرهنگ بومی و محلّی درآمیخته و به نحو متغیر و دگرگون به اعصار بعد سپرده شده است. از همین رو، به تنوعی در داستان‌پردازی

برمی‌خوریم که خاص فرهنگ ایرانی است. در میان داستان‌ها هم به **اسکندرنامه** برمی‌خوریم هم به **داراب‌نامه**، هم به **رموز حمزه** و **جنگ‌نامهٔ سیدجلال‌الدّین اشرف** برمی‌خوریم و هم به **بهمن‌نامه** و **گشتاسب‌نامه**. همهٔ این آثار، صرف‌نظر از نوع شخصیتشان، با لحنی حماسی و شورانگیز روایت شده‌اند.

داستان‌های ایرانی از لحاظ موضوعی دامنهٔ وسیع و متنوعی را پوشش می‌دهند. بخش مهمی از آن‌ها متأثر و برگرفته از حماسه‌های قهرمانی کهنِ اقوامِ ایرانی است؛ بخشی به شخصیت‌های برجستهٔ تاریخی می‌پردازد؛ بخشی به چهره‌های دینی و مذهبی اختصاص دارد؛ بخشی فراوردهٔ ذوق خیال‌پرداز عامه است؛ بخشی به قصه‌های خیال‌آمیز و افسانه‌گون جن و پری می‌پردازد. اما این داستان‌ها، هرچه باشند و به هرگونه که رخ نمایند، یک هدف اساسی را، به جز سرگرمی، دنبال می‌کنند: آن‌ها آموزش‌دهندهٔ مخاطبان در هر ردهٔ سنی و جنسی هستند. وظیفهٔ ارشاد و هدایت را در جامعه‌ای برعهده دارند که از همه‌سو حادثات بلاخیر در آن کمین کرده است و برای روبه‌رو شدن با این حادثات نامنتظر باید گوش به زنگ و هشیار بود و در برابر شداید و سختی‌ها پایداری کرد و با صبر و تأمل و حربهٔ تدبیر گره‌ها را گشود و بر ناملایمات پیروز شد.

پس از تحلیل‌های ساختاری شارل بتلهایم از افسانه‌های جن و پری، امروزه ارزش آموزشگرانهٔ غیرمستقیم این داستان‌ها، به‌ویژه در کودکان، امری پذیرفته به شمار می‌رود.

۳. کمبودها و کم‌داشت‌ها

مکتب فنلاندی فولکلور، یا فرهنگ عامه، که از سوی کارل کروهن[۶۰]

---

۶۰. k. krohn

و شاگردش آنتی آرنه[۶۱] پایه‌گذاری شد، بر این اندیشه استوار بود که مسیر انتشار قصه‌های سینه به سینه را در میان اقوام و ملل دریابد تا از این رهگذر بتوان به رگه‌های گسترش و خط سیر و اشاعهٔ شامل‌تر قصه‌ها دست یافت. برداشت کلّی مکتب فنلاندی، که امروزه اساس پژوهش‌های قصه‌های عامه است، بر این فرض استوار است که تیپ‌های قصه‌های عامیانه در فرهنگ‌های مختلف، بنا به نیازها و باورداشت‌ها، رنگ بومی هر قوم را به خود می‌گیرد، هرچند در گوهر و ذات خود از منشأ یکسان و یگانه‌ای برآمده باشد. جنبه‌های پنهان و تاریک روح انسانی، که به صورت آز و حسد و خشم و ترس و حُمق و بدسیرتی و سبکساری بروز می‌کند، یا به گونهٔ مهر و عاطفهٔ شورآمیز خود را نشان می‌دهد، یا به شکل پایداری و صبر در برابر مصایب و شداید تصویر می‌شود، یا به انگیزهٔ هوشمندی و تدبیر عملی روایت می‌شود یا پرهیز از خطا و گناه را ندا می‌دهد و مشوق سیرت و سان نیکو و کردار نیک است، همه و همه، در داستان‌های عامیانه جنبهٔ تربیتی دارد. این داستان‌ها درواقع دستورالعمل‌های زندگی بوده‌اند.

متأسفانه سهم و نقش ایران، هم به عنوان سرزمینی که منشأ پیدایش داستان بوده، هم به عنوان دیگجوشی که آمیزه‌های گونه‌گون فرهنگی را قوام آورده و هم به عنوان عاملی که داستان‌ها را به اقصا نقاط انتقال داده بسیار مبهم و اغلب ناقص انگاشته می‌شود.

هنوز هیچ کار جدّی از سوی ایرانیان دربارهٔ منشأ داستان‌های پیکارسک[۶۲] صورت نگرفته است که اساس آن بر دوره‌گردی قهرمان قرار دارد و در رمان **دن‌کیشوت** به اوج تعالی خود می‌رسد. هنوز دربارهٔ بنی‌ساسان، که معرکه‌گیران و بساط‌اندازان دوره‌گرد بودند و با

---

۶۱. Antti Aarne

۶۲. Picaresque

قصه‌های غریب خود جیب مردم را خالی می‌کردند و شخصیت خود را به **مقامات** بدیع‌الزمان همدانی وام دادند، تحقیق جامعی نشده است تا نشان دهد چگونه این قهرمان دوره‌گرد سرمشق برای رمان‌نویسان پیکارسک در فرهنگ اسپانیا گردید و از این طریق نطفهٔ رمان امروزی در اروپا بسته شد.

یکی از نقص‌های اساسی، هم در شناخت تیپولوژی قصه‌ها و مسیر حرکتی آن‌ها و هم در بازشناسی تأثیرات فرهنگ داستانی ایرانی در اقوام دیگر، از آنجا ناشی می‌شود که آثار اصلی داستانی، آنچه در حافظه‌ها باقی مانده است و آنچه در گنجینهٔ نسخه‌های خطی از دستنویس‌های کاتبان محفوظ مانده است، هنوز روی چاپ به خود ندیده. کوشش‌های محقّقان و علاقه‌مندانی چون صبحی مهتدی، الول ساتن، برنهارد دارْن، صادق هدایت، زهرا خانلری، پرویز ناتل‌خانلری، ذبیح‌الله صفا، انجوی شیرازی، اقبال یغمایی، محمدجعفر محجوب، کوهی کرمانی، محمد روشن و دیگران که صورت گرفته است هم پراکنده بود و هم از نیات متفاوت؛ هرچند مقبول و پسندیدهٔ کوشندگان آن حکایت دارد. این تلاش‌ها آن‌چنان کافی تشخیص داده نشده است که نیاز به تهیهٔ فهرست کامل از تیپ‌های قصه‌های ایرانی را به دست دهد. کارشناسان و پژوهندگانی که در این زمینه کار می‌کرده‌اند همواره از ناقص و ناکافی بودن این منابع گلایه داشته‌اند. چون مواد کافی و مناسب در اختیار نداشتند نتوانستند فهرست آرنه و تومپسون را تکمیل کنند.

داستان‌های عامیانهٔ مکتوب و حکایت‌هایی که هنوز سینه به سینه می‌روند، هر دو از منشأ مشترکی می‌آیند. در نتیجه، توجه به یکی نباید موجب غفلت از دیگری شود. هر نوع مطالعه‌ای یا کوشش حیاتبخش در این زمینه باید دوسویه باشد؛ هم به داستان‌های مکتوب بپردازد و

هم روایت‌های سینه به سینه را مورد نظر قرار دهد.

۴. دو صناعت متمایز اما مکمّل

با نگاه به افق تاریخی و پیشینهٔ پویا و متحوّل داستان‌پردازی در ایران به دو شاخهٔ متمایز اما مکمّل برمی‌خوریم: داستان ادبی و داستان عام‌پسند. اگر داستان ادبی برآیندی است از آرایش کلام و توصیف‌های باریک‌بینانهٔ دلکش و زبان فاخر و فخیم و اندیشه‌های نغز، در عوض داستان‌های عام‌پسند نمایشگر سادگی و بی‌پیرایگی و عرصهٔ جولان خیال روایتگران آن است. سادگی و بی‌پیراگی تا قرن پنجم و ششم هجری عنصر اصلی روایت حتی در قصص قرآنی بود. اما فخامت زبان ادبی، که به مرور از حیات روزمرهٔ مردم دور شد و رنگ فضل‌فروشانه به خود گرفت، دیگر توصیفات دقیق و جزئیات مادی صحنه‌های داستانی و رفتار شخصیت‌ها را در نقل برنمی‌تافت. نتیجه آن شد که روایت به روایتگران عامه بازگذاشته شد. به‌موازات کوتاه و کمینه شدن داستان‌های ادبی [به سبب زبان سنگین و دست و پا گیر]، داستان‌های عوام‌پسند از گستره و تنوّع چشمگیری برخوردار شد. عملاً صناعت روایت را داستان‌های عامیانه زنده نگه داشتند.

داستان‌های ادبی اثر خامهٔ فرهیختگان بود. از **کلیله و دمنه** ترجمهٔ روان‌تر و ساده‌تری مثل **داستان‌های بیدپای** وجود دارد، اما هنگامی که نصرالله منشی متن **کلیله و دمنه** را می‌پرداخت مقید به متابعت از اصلِ عربی آن نبود. هدف او از انشای **کلیله و دمنه** آن بود که قدرت، مهارت و هنر خود را در نویسندگی به رخ بکشد، پس داستان‌هایی را که قرن‌ها مقبول طبع مردم کتابخوان ایرانی بود بهانه و وسیله قرار داد. دربارهٔ **مرزبان‌نامه** و آثار دیگری از این دست، حتی **فرج بعد از شدت**، نیز چنین انگیزه‌ای حاکم بوده است؛ یعنی حکایات مورد پسند

عام وسیلهٔ هنرنمایی ادبی قرار گرفتند. این کار پاسخگویی به یک سنت دیرپای ادب ایرانی است و با حکمت عملی [**جاویدان خرد**]، که سابقه‌ای کهن دارد، مرتبط است. لازمهٔ حکمت گزیده‌گویی است تا سخن تبدیل به مَثَل سائره یا زبانزد شود و در دل شنونده یا خواننده بنشیند همچون نقش در سنگ.

اما دربارهٔ داستان‌های عوام چنین احکامی صادق نیست. ادب عوام باید برای حوصله و هاضمهٔ تنگ و ناشکیبای عوام تدارک شود.

این گفته به معنای آن نیست که داستان‌های عامیانه یا عامه‌پسند را یکسره تهی بینگاریم. این داستان‌ها شامل نکته‌های بسیاری دربارهٔ اوضاع اجتماعی و اداری، آداب و رسوم و اعتقادات و عادات و به طور کلی شیوهٔ زندگی مردمان گذشته است. غالباً دارای اصلی کهن در تاریخ زندگی قوم هستند. راویان طی زمان آن را می‌آموزند و سینه به سینه نقل می‌کنند. اما هربار داستان به اقتضای زمان و به حکم تحول اوضاع جامعه رنگی تازه به خود می‌گیرد تا برای شنوندگان غریب و غیرعادی ننماید. با این همه، قالب کلّی داستان غالباً مانند تنهٔ درخت دست‌نخورده می‌ماند و فقط شاخ و برگ‌هاست که دستخوش تغییر و تبدیل می‌شود.

یکی از این تغییر و تبدیل‌ها در عرصهٔ زبان رخ می‌دهد. زبانِ روایت همواره به زبان راوی زمانه‌اش درمی‌آید. در نتیجه، داستان‌های عامیانهٔ هر دوره‌ای معرّف زبان همان دوره است و مانند آینه خصایص همان دوره را بازمی‌تاباند. بنابراین، از لحاظ زبان‌شناختی سندهای قابل ملاحظه‌ای برای بازدانستن زبان هر دوره به شمار می‌روند. برخلاف زبان داستان ادبی، که اگرچه از زبان دورهٔ خود و پسندهای همان دوره متأثر است، اما در نهایت زبان رسمی اهل ادب را به کار می‌برد.

۵. حفظ، احیا، اشاعه، انتشار

با توجه به آنچه گفته شد و برای مطالعهٔ شامل‌تر در مقولهٔ داستان‌های ایرانی و احیای مجدد آن و رواج و رونق بخشیدن به میراث گذشته اشاعه و انتشار آن در میان قشرهای مختلف جامعه لازم است مرکزی خاص با هدف حفظ و احیا و انتشار داستان‌های ایرانی تشکیل شود. از این طریق می‌توان به کوشش‌های پراکنده تمرکز داد و آن را هدفمند کرد.

در این مرکز، قبل از هرچیز، لازم است میکروفیلم‌های نسخه‌های خطی پراکنده در گوشه‌کنار دنیا یکجا گردآوری شود. این کار دسترسی به نسخه‌های مختلف یک روایت را برای محققّان و مصحّحان فراهم می‌کند و به صورت بانک اطلاعاتی داستان‌های ایرانی می‌تواند عمل کند. در جوار این جمع‌آوری نسخه‌های خطی، لازم است به ضبط قصه‌های شفاهی از چهارگوشهٔ ایران بزرگ اقدام شود. گنجینه‌ای که از این طریق فراهم می‌شود امکان می‌دهد که بتوان، عوض پراکنده‌کاری‌های گذشته، یک دوره داستان‌های ایرانی را با تصحیح انتقادی انتشار داد. چنین اقدامی کمبودها و نقایص مربوط به تیپ‌شناسی قصه‌های ایرانی را جبران می‌کند. در همان حال، انتشار این داستان‌ها، گذشته از اشاعهٔ اخلاق و فرهنگ ایرانی، پرداختن به موضوعات و مضامین ایرانی را تنوع می‌بخشد و رونق‌دهنده به کار کسانی است که در حوزه‌های گوناگون هنر داستانی فعالیت دارند.

جایگاه یک شخصیت خندستانی در جامعهٔ ایرانی

آیا یک شخصیت شوخ‌طبع، فکاهی، هزّال، ظریف، رند، خندستانی و در عین حال ساده‌لوح و طرفه‌گو می‌تواند در حوزهٔ فرهنگ ایرانی تبدیل به یک شخصیت مقبول شود و مُهر قبول قلب‌ها را تحصیل کند؟

هنگامی که آرتور کانن دویل[۶۳] پس از شش سال توانست گریبان خود را از چنگ شخصیتی که آفریده بود و به نام شرلوک هُلمز[۶۴] سر زبان‌ها انداخته بود رها کند، چنان با عکس‌العمل تند جامعهٔ انگلیسی‌زبان آن روز روبه‌رو شد که ناچار، پس از ده سال مقاومت، هُلمز کارآگاه را به ترفندی زنده کرد و دوباره به میدان آورد. این اتفاق یک بار دیگر ثابت می‌کرد که قهرمان‌هایی که در دل مردم جا کرده‌اند مُردنی نیستند. آن‌ها مثل الماس همیشگی‌اند. خصایصی که خطوط اصلی شخصیت آن‌ها را ساخته از خصایص ملی و قومی وام گرفته و تا آن قوم زنده است آن‌ها نیز زنده هستند.

ما معتقدیم که شخصیت خندستانی زمینهٔ اجتماعی و پیشینهٔ تاریخی

---

۶۳. Sir Arthur Conan Doyle]۱۸۵۹۱۹۳۰[، پزشک اسکاتلندی که به حرفهٔ نویسندگی رو آورد؛ علاوه بر داستان‌های شرلوک هُلمز، مجموعهٔ مفصلی از رمان‌های تاریخی نیز نوشته است.

۶۴. Sherlock Holmes، کارآگاهِ آفریدهٔ کانن دویل و قهرمان اصلی قصه‌های او.

در این سرزمین دارد و قابلیت آن را داراست که به صورت یک چهرهٔ قومی درآید.

تا سال‌ها پس از حملهٔ اعراب به ایران و از هم پاشیدن جامعهٔ ایرانی، هنوز کسانی پیدا می‌شدند که ادعای نسبت و خویشاوندی با خاندان ساسانی را داشتند. آن‌ها برای متأثر کردن مخاطبان خود و برای نرم کردن دل آنان مدعی می‌شدند که از خانه و کاشانه کنده شده‌اند و با این ادعا تقاضای کمک می‌کردند. چنان شد که یک قرن بعد، وقتی که به کسی «بنی‌ساسان» اطلاق می‌کردند، منظورشان متکدّی و گداپیشه بود. کلمهٔ «بنی‌ساسان» به کلّی مفهوم خود را از دست داده بود و معنی دیگری پذیرفته بود. این گداپیشگان به انواع ترفندها دست می‌زدند تا کیسهٔ مردم را خالی و جیب خودشان را پر کنند[۶۵]. معرکه‌گیری، قصه‌گویی، روایت عجایب و غرایب، تحت تأثیر قرار دادن مردم با بازی‌های لفظی و ظرافت‌های زبانی کارهایی بود که در آن‌ها استاد بودند. این گروه از مردم، که از پدیده‌های رونق گرفتن شهرنشینی بودند، بعدها «قاصّ» نامیده شدند که شنونده‌هایشان را با قصه سرگرم می‌کردند و با این هنر در مُحتوای جیب آن‌ها شریک می‌شدند. آن‌ها در کارشان بی‌پروا بودند. ظُرفه‌گو بودند و، در همان حال، صداقت و درستیِ نقل برای آن‌ها مفهومی نداشت[۶۶]؛ زبان‌باز بودند، چنان‌که کسی

۶۵. بدیع‌الزمان همدانی در «مقامهٔ ساسانیه» تصویری کم و بیش هولناک از آن‌ها ارائه می‌دهد: فوجی که سر به دستارِ پیچیده و دامن فروهشته، هریک سنگی در دست داشتند و سینه بدان می‌کوبیدند و به آهنگِ آنچه سردمدارشان می‌گفت دَمْ گرفته بودند. مطالبات آنان از نمک و سبزی تا لیف حمام و نازنین غلام را دربر می‌گرفت (نک: علی‌رضا ذکاوتی قراگزلو، **بدیع‌الزمان همدانی و مقامات‌نویسی**، تهران: اطلاعات، ۱۳۶۴، ص ۳۵).

۶۶. سخنوری ادعا می‌کرد که نام گوساله‌ای را که قوم موسی می‌پرستیدند می‌داند؛ و دیگری از گرگی که حضرت یوسف را خورده نامِ بُرد. و چون گفتند گرگ یوسف را نخورد، گفت این همان گرگ است که یوسف را نخورد (نک: آدام متز، **تاریخ تمدن اسلامی در قرن چهارم هجری**، ترجمهٔ علی‌رضا ذکاوتی قراگزلو، تهران: امیرکبیر، ج ۲، ۱۳۶۲، ص ۸۸).

از پسِ زبانِ آن‌ها برنمی‌آمد؛ راه ورود به دل و عاطفهٔ مخاطبانشان را نیک می‌دانستند؛ نوادرپرداز بودند، اهل مطایبه بودند؛ خود را به گولی و ابلهی می‌زدند. اصلاً تحامق و استهزا دو صفت عمدهٔ کارشان بود. با این حال، طبیعت ساده‌ای داشتند و به چند سکه پول سیاه قانع بودند. به مردم چیزها می‌آموختند که شل کردن سرکیسه، به اسم دهن‌پُرکن سخاوت، اصلی‌ترین آن‌ها بود. ملغمه‌ای از خصوصیت‌های چنین شخصیتی بود که اساس کار بدیع‌الزمان همدانی، مبتکر مقامه‌نویسی، قرار گرفت و برای زبان‌آوری مورد استفاده واقع شد.

اما شخصیت‌های خندستانی، آنچه را که امروزه ما به آن‌ها شخصیت‌های طنز می‌گوییم، دوشادوش همین قهرمانان متکدّی و گداپیشه شکل گرفته‌اند. مثل آن‌ها حاضرجواب هستند، اما به اندازهٔ آن‌ها سخندان نیستند. در عوض، چیز اضافه‌تری دارند، که آن‌ها را برجسته و متمایز می‌کند، و آن چیز حقه‌بازی آمیخته به بلاهت، رندی آمیخته به کودنی است. حُسن چنین شخصیتی در آن است که از یکسو موقعیت‌های پیش‌بینی‌نشده و حتی غافلگیرانه می‌آفریند و از سوی دیگر اشخاص درگیر در ماجرا را به راهی می‌کشاند که عقل عادی را حیران می‌گذارد و در نهایت آن‌ها را وادار می‌کند که به معانی اعمالشان بیندیشند. رفتار چنین شخصیت متناقضی، بدون آنکه خود او بخواهد، آموزنده است و این آموزندگی را در یک فضای فرح‌انگیز و بهجت‌خیز تدارک می‌بیند. تفاوت دیگر قصه‌های مقامی با نوادر خندستانی آن است که قصه‌های مقامی اصلاً متّکی بر زبان‌آوری هستند و فکر قصه‌ای لزوماً در آن‌ها منتهی به تصادم و تخاصم دراماتیک نمی‌شود، اما در قصه‌های خندستانی موقعیت‌هایی به وجود می‌آید که لازمه‌اش گشایش در پایان قصه و واگشایی گره در روابط دراماتیک است.

قصه‌های خندستانی معمولاً از یک شخصیت ثابت با هویت ثابت شکل می‌گیرند. غالباً چنین است که حکایت‌های فکاهی و نوادر، که به یک شخصیت خاصّ منتسب می‌شوند، لزوماً به یک زمان و عصر خاصی تعلّق ندارند، بلکه به مرور زمان شکل می‌گیرند و از حکایت‌های مکان‌های همجوار یا دور بهره برمی‌دارند. این پدیده چنان عمل می‌کند که آن شخصیت خاصّ به رمز و مَثَل فکاهت و خنده و تحامق و حکمت بَدَل می‌شود. می‌گویند شخصیت شناخته‌شده‌ای چون جُحا (یا جوحی) مابه‌ازای خارجی داشته و قصه‌های منتسب به او کم‌کَمَک و به مرور زمان رشد کرده، توسعه یافته و با ذوق افراد عادی در مکان‌های مختلف پیله‌های تازه‌ای بر آن‌ها بسته شده و سپس ادیبان آن شخصیت و قصه‌های منتسب به او را وسیله‌ای برای جولان قریحه و ذوق خود کرده‌اند.

هنگامی که حریری، دنباله‌رو بدیع‌الزمان، حادثه‌ای که او را به نوشتن **مقامات حریری** کشاند فاش می‌کند متوجه می‌شویم که او هم راوی قصه‌هایش را، که ابوزید نام دارد، از میان همین گدایان خوش‌زبان و ظُرفه‌گو انتخاب کرده است. از قول حریری نقل می‌کنند: «ابوزید پیری بود گداپیشه و سخندان و زبان‌آور، به بصره آمد و روزی در مسجد محلهٔ بنی‌حرام که بزرگان و فاضلان جمع بودند به سؤال برخاست و قصه‌ای پرماجرا و مصیبت دربارهٔ خود ادا می‌کرد که مرا به شگفتی واداشت.»[۶۷] حریری آنچه را که در مسجد بنی‌حرام شنیده بود در قلم آورد و گویندهٔ آن را قهرمان اولین مقامه‌اش قرار داد و در پنجاه مقامه‌ای که نوشت به همین ابوزید نقش اصلی داد.

اصلاً مقامه، ایستاده روایت کردن است؛ حال آنکه در مجلس، راوی نشسته ادای مقصود می‌کند. پس تحرک و جابه‌جایی جزو سرشت مقامه

---

۶۷. نک: ابومحمّد قاسم بن محمّد بن عثمان حریری، **مقامات حریری** (ترجمهٔ فارسی‌کهن)، پژوهش علی رواقی، تهران: مؤسسهٔ فرهنگی شهید محمّد رواقی، ۱۳۶۵، ص پانزده، پیشگفتار.

است. همین مقامات هستند که بعدها، پس از رسیدن مسلمین به اسپانیا، وارد فرهنگ اسپانیا شدند و به صورت ماجراجویی‌های قهرمانان سفرپیشه به داستان‌پردازی اسپانیا شکل دادند. نمونهٔ بارز آن دن‌کیشوت است که به سفر پرماجرای خود می‌رود و شهرهٔ آفاق می‌شود. همین داستان‌هاست که ما امروزه به عنوان «رمان‌های پیکارسک[۶۸]» می‌شناسیم و ژیل‌بلاس[۶۹] از اولین آن‌هاست که فرانسوی‌ها در تقلید از رمان‌های ماجرایی اسپانیایی نوشتند و پایهٔ رمان‌های امروزی را گذاشتند.

درنتیجه شخصیت‌هایی چون جوحی، ابوبکر ربابی، بهلول، ملاّنصرالدّین[۷۰]، دخو، عباس دوس و... فصل مشترک عقل‌های مردمان در زمان‌های مختلف هستند. «گاه او را می‌بینی که صاحب هوش و

---

۶۸. picaresque، نام نوعی از داستان که در اسپانیا شکل گرفت و سروکار با قهرمان حقّه و ناقلایی دارد که طی رویدادهای پراکنده ماجراجویی می‌کند.

۶۹. سرگذشت ژیل‌بلاس، اثر آلن رُنه لوساژ که میرزاحبیب اصفهانی آن را به فارسی ترجمه کرد.

۷۰. اقبال عامّهٔ مردم از ترجمهٔ نادره‌های خوجه نصیرالدّین به فارسی که در مصر از ترکیب حکایت‌های عربی و ایرانی و ترکی پخت و پز شده بود، محمّد رمضانی، دارندهٔ انتشاراتی «کلالهٔ خاور» را، که مردی کتاب‌دوست و باسلیقه بود، واداشت کتابی فراهم کند و با عنوان **ملاّنصرالدّین**، در سال ۱۳۱۵ خورشیدی، به بازار فرستد. دور شدن ایرانیان از منابع ادبی و گسست فرهنگی دهه‌های اخیر سبب شد که برداشت‌های نادقیقی از این نام‌گذاری صورت گیرد. به نظر می‌رسد که شخصیت ملا برآمده از تصوّر عمومی ایرانیان در قرون اولیهٔ اسلامی دربارهٔ معلّم‌های مکتب‌خانه‌ای باشد. و محمّد رمضانی، که شخصی کتاب‌خوانده بود، یحتمل با این تصوّر قدیمی دربارهٔ معلّمان آشنا بوده است. کار معلّم مکتب‌خانه‌ای بی‌ارزش تلقی می‌شد. درآمد آن‌ها کم و زندگی‌شان به تلخی می‌گذشت. آن داستان مربوط به پوستین که شمس تبریزی از معلّم فقیری روایت می‌کند که در سیلاب زد تا پوستینی را که در آب می‌رفت بگیرد و تن‌پوش زمستانی‌اش کند، اما معلوم شد که آن نه پوستین که خرسی است که در آب می‌رود از همین تصوّر عمومی دربارهٔ معلّمان مایه می‌گیرد. جاحظ کتابی دربارهٔ ملاّمکتبی‌ها پرداخته که پُر است از حکایت‌های سادگی و کم‌عقلی و بلاهت آنان. چنان‌که در مَثَل می‌گفتند «احمق‌تر از معلّم مکتب». ابن‌حبیب، یکی از دانشمندان لغت و اخبار و شعر]متوفی ۲۴۵[می‌گفت: «وقتی از کسی پرسیدی کارت چیست، پاسخ داد معلّمی، یک پس‌گردنی به او بزن.» (نک: آدام متز. **همان**، ص ۲۱۴ و ۲۱۵). گمان ما بر این است که پشتوانهٔ این تصوّر عمومی اساس شکل گرفتن شخصیتی به نام ملاّنصرالدّین شده باشد. در **لطائف‌الطوائف**، تألیف مولانا فخرالدّین علی صفی، در فصل «حکایات لطیفهٔ ابلهان»، ص ۴۰۷ به بعد، تعدادی حکایت طیبت‌آمیز از معلّم‌های مکتب‌خانه‌ای آمده است. در **نوادر**، تألیف راغب اصفهانی نیز فصلی دربارهٔ «معلّمان و نوادر ایشان»، ص ۱۷، آمده است.

ذکاوت و مدبّر و چاره‌اندیش است، و گاه احمقی که حتی بدیهیات اولیه را هم نمی‌داند، و گاه بخیل و تنگ‌گیرنده، و گاه کریمِ سخی، و گاه قاضی بین مردم است، و گاه خود به قاضی می‌رود[۷۱].»

قصه‌های خندستانی در تمامی ادبیات ایران، اعم از نظم و نثر، پراکنده است. قصه‌های عقلای مجانین را هم می‌توان جزو همین رشته به حساب آورد. شیخ ابوسعید قصه‌ای دربارهٔ یکی از همین عقلای مجانین نقل می‌کند که شنیدنی است: «'فرا نزد وی شدیم و وی پاره‌ای بر پوستین می‌دوخت و ما به وی می‌نگریستیم.' و شیخ ما چنان ایستاده بود که سایهٔ وی بر پوستین لقمان افتاده بود. چون آن پاره بر آن پوستین دوخت، گفت: 'یا باسعید! ما تو را با این پاره بر پوستین دوختیم'»[۷۲].

برخی از قصه‌های خندستانی فقط متکی به شخص نیستند، بلکه خصوصیت‌های قومی را نیز بازمی‌تابانند؛ مثلاً در مازندران دهی است به نام کچَب، در چند فرسخی شهر آمل، که مردم آن به ساده‌لوحی معروف‌اند. نیمایوشیج بعضی از قصه‌های آن‌ها را دستمایهٔ شعر خود کرده است. از آن میان قطعه‌ای است دربارهٔ یک کچَبی که پل ده را خراب می‌کند تا راه بر عقابی ببندد که جوجه‌هایش را شکار می‌کند[۷۳]. شعرهای منتسب او به «انگاسی»ها هم برگرفته از نوادر فکاهی است که در متون می‌توان یافت.

در مواردی هم خصایص قومی در وجود یک شخصیت مستقل متبلور می‌شود؛ مثلاً، قزوینی بودن دخو پشتوانهٔ خصایص شخصیتی‌اش شده است. حال آنکه در مورد جوحی و خوجه نصرالدّین (یا ملاّنصرالدّین) چنین چیزی وجود ندارد. احتمالاً یکی از علت‌هایی که به شخصیت

۷۱. این سخن را فاروق سعد گفته است. نک: احمد مجاهد (تحقیق، ترجمه و تألیف)، مقدّمهٔ **جوحی**، تهران: انتشارات دانشگاه تهران، بهار ۱۳۸۳، ص بیست و هشت.
۷۲. محمد بن منور، **اسرارالتوحید**، تهران: آگاه، ۱۳۶۶، ص ۲۴.
۷۳. نیما یوشیج، **مجموعه اشعار نیما یوشیج**، تهران: نگاه، ۱۳۷۰، شعر «کچَبی»، ص ۱۴۸.

جوحی و ملاّنصرالدّین امکان گسترش و شهرتی چنین فراگیر را داده در عدم وابستگی قومی و محلّی آن‌هاست.

گفته می‌شود شخصیت جوحی (یا جُحا) از قرن سوم هجری بین مردم ممالک اسلامی شناخته بوده و نوادر او در بین مردم اشتهار داشته است. این نوادر به مرور بین ملت‌ها رفته و با قصه‌های آن‌ها مخلوط شده است. او را صاحب مُلاعبَت و مزاح و نوادر خوانده‌اند؛ لغت‌شناسان در معنی اسم او زیرکی را نیز مُضمر می‌دانند؛ کسانی حتی در او صفای ضمیر یافته‌اند. در میان ایرانیان نیز شخصیت جُحا، به عنوان یک شخص ظریف و مسخره، از قرن پنجم کاملاً شناخته‌شده بود. قصه‌های او را مردم نقل می‌کردند و حتی مَثَل‌های او در بین شاعران رواج داشت. **ریحانةالادب** او را در مسخره‌گویی همانند ملانصرالدین می‌شمارد. دیدار او با ابومسلم، سردار ایرانی، در تاریخ معروف است. با آنکه ابومسلم مردی خشک و جدی و نخند بود، ولی این جُحا توانست لبخند به لب او بیاورد.[۷۴] وقتی شاعری از کسی طلب باده کرد و در پایانِ قطعهٔ طلب افزود که اگر خودت باده نداری از کس دیگر مخواه: «این مَثَل برخوان که جوحی خر نداشت.»[۷۵] از این قطعه معلوم می‌شود که آنچه ما امروزه در مثل می‌گوییم «خَر ما از کرگی دُم نداشت» احتمالاً به نوادر جوحی برمی‌گردد. سوزنی، منوچهری، ناصرخسرو، سنائی و انوری از کسانی هستند که به جوحی در شعرهای خود مَثَل زده‌اند. حتی مولوی هم از نوادر قصه‌های او در مثنوی شریف استفاده کرده است.

---

۷۴. احمد مجاهد، همان، حکایت ۵، ص ۸.

۷۵. علی‌اکبر دهخدا در **امثال و حِکَم**، ج ۲، ذیل «جُحی خر نداشت» این تمثل را از صاحب نظام‌الدّین یحیی نقل می‌کند:

بادهٔ نابم فرست ای آنکه دهر   در زمانه مثل تو دیگر نداشت
ور نداری از کسی دیگر مخواه   این مَثَل برخوان که جُحی خر نداشت

«سرّی عظیم باشد که از غیرت در میان مَضاحِکی شود.»[۷۶]

❊

خطوط بارز خصایص یک شخصیت خندستانی را برمی‌رسیم:

۱.جهالت آشکار او. این جهالت رنگ و صبغهٔ تجاهل‌آمیز دارد. یعنی شخصیت خندستانی غالباً و عادتاً خود را به نادانی و بلاهت می‌زند. این تجاهل و تحامق منحصر به شخصیت‌های خندستانی نمی‌شود. در گذشته، موقعیت جامعه چنان بود که فضلای بزرگ و ادیبان سرشناس نیز ترجیح می‌دادند به دامن این خصیصه پناه ببرند و همرنگ جماعت شوند.

گفتم به لباس حُمق بیرون آیم
شاید برَهَم ز فقر و فاقت، یارا[۷۷]

ظلم و جور حاکمان زمانه بسیاری از انسان‌های حساس را به تحامق و تجاهل می‌کشاند. آن‌ها ترجیح می‌دادند که در سایهٔ چنین رفتاری در سلامت و امنیت زندگی کنند و حتی از این راه نان بخورند. نوادر خندستانی به قدری مورد توجه بود که مردم برای شنیدن یک نادرهٔ نو و دلنشین پول‌های کلان می‌پرداختند. حتی کلاس‌هایی هم استادان این فن برای آموزش شاگردان دایر کرده بودند. یکی از اصول مهم این کلاس‌ها آن بود که شاگردان موظف بودند همه‌چیز را دگرگون کنند؛ مثلاً موقع خداحافظی بگویند سلام، موقع صبح بگویند شب‌خوش و قس‌علی‌هذا. شاگردان با این روش آموزشی پس از مدتی تبدیل به یک شخصیت خندستانی می‌شدند. وقتی حافظ سخن از «خلاف آمد عادت» می‌کند به همین نکته نیز نظر دارد. وجود اضداد یک اصل اساسی حکمت است. سفیدی بدون سیاهی نیست، آسمان بدون زمین،

---

۷۶. شمس‌الدّین محمّد تبریزی، **مقالات شمس تبریزی**، تصحیح و تعلیق محمّدعلی مُوحّد، تهران: خوارزمی، ۱۳۶۹، ص ۱۳۱/۲.

۷۷. شعر و حکایت مربوط به آن از مدایح‌نگار تفرشی است در اثرش، **مُلستان**، که در تقلید از **گلستان** سعدی به قلم آورده.

طاعت بدون عصیان و کفر بدون ایمان. «و بِضِدّها تَبَینُ الأشیاء». این اصلی است که امروزه بر سینمای کمیک و بازی کمدین‌ها حاکم است و در تمدن اسلامی صدها سال پیش شناخته‌شده بود.

۲.فکاهی بودن شخصیت او. به‌رغم مشکلات و آشفتگی‌هایی که شخصیت خندستانی در آن به‌سر می‌برد و نیز به‌رغم نامساعد بودن فضای حاکم، حضور او رایحه‌ای از گشایش و فرح ایجاد می‌کرد که خودبه‌خود سبب آسودگی و انبساط می‌شد، و هنوز هم می‌شود. او با سخنان فکاهی و رفتار مطایبه‌آمیز با امور پیچیدهٔ زندگی برخورد می‌کند و از این طریق سرِ مشکلات را به طاق می‌کوبد. دور نیست اگر می‌گویند که شخصیت خندستانی به فلسفهٔ خنده اعتقاد عمیق دارد. و دور نیست اگر کسانی فکاهت را میوهٔ عقل می‌دانند. از این جهت، آثار خندستانی را باید ثمرهٔ حکمت مردمی پنداشت.

۳.حاضرجوابی او. شخصیت خندستانی جواب بر بدیهه می‌گوید، حاضرالخاطر است. یعنی نیاز به تفکر یا تأمل ندارد. گویی جواب‌ها در آستین اوست. از یک‌جهت این خصیصه او را به شخصیت ذن نزدیک می‌کند. چون سخنان دوپهلو و به ظاهر یاوهٔ او مفاهیم پنهان دارد؛ مثلاً به این نادرهٔ جُحا توجه کنید. روزی یقطین از او خواست که به دیدن ابومسلم برود. جُحا گفت: «ای یقطین! از شما دو تن کدام‌یک ابومسلم هستید؟» در فلسفهٔ ذن چنین سؤال ساده و به‌ظاهر بی‌ربط و یاوه می‌تواند حاوی عمیق‌ترین تعبیرها و تفسیرها باشد. و یکی از آن‌ها این است که به‌رغم تنوع نام‌ها افراد جز یک تنِ واحد نیستند.

۴.خروج از تنگناها. شخصیت خندستانی هزار راه خروج از تنگنا دارد. راه او معمولاً ساده‌ترین و بدیهه‌ترین است. چون‌که او برخلاف عادت عمل می‌کند و عادت چشم‌ها را بر امور چه معتاد و چه غیرمعتاد

می‌بندد. راز توفیق او در عادت‌ستیزی اوست.
۵.رندی و حقه‌بازی و زیرکی او. شخصیت خندستانی ابا ندارد از اینکه در مواردی دست به کارهایی بزند که با شئونات اخلاق مرسوم موافقت ندارد. بیش از آنکه این کار او رنگ بدآموزی داشته باشد، ضعف‌ها و سستی‌های اخلاقی ما را نشانه می‌گیرد و آن‌ها را برملا می‌کند. ما نیز تهِ دلمان چه بارها به چنین چیزهایی فکر کرده‌ایم و چه‌بسا گاه مثل اُو عمل کرده‌ایم، اما به روی مبارک خودمان نیاورده‌ایم و سعی کرده‌ایم آن را در لفافهٔ توجیهات و توصیفات پوک و پوچ لاپوشانی کنیم. احساس خوشی که از عمل شخصیت خندستانی به ما دست می‌دهد ناشی از همین تقارن رفتاری است. کار او هم ما را از ناراحتی وجدان می‌رهاند [یعنی روح ما را تصفیه و تزکیه می‌کند، که در نقد ادبی به آن Catharsis می‌گویند، یعنی پالایش روح و روانِ] و هم حقیرانه بودن این‌چنین اعمالی را به ما گوشزد می‌کند. اصلاً غایت قصه‌های خندستانی آن است که رذیلت‌ها را مرمت کند.

*

مولانا فخرالدّین علی صفی، مؤلف **لطائف‌الطوائف**، فصل آغازین کتاب جذّابش را به «استحباب مراح و اثبات آنکه مطایبات از جملهٔ سنن مرضیه است» اختصاص می‌دهد. از عبدالله بن حارث بن جزء سهمی نقل می‌کند که «ندیده هیچ احدی را که مزاح بیشتر از رسول(ص) کرده باشد»، اما تأکید می‌کند که «مزاح او همه حقّ بود». خود حضرت نیز می‌فرمود: **اِنّی لا اَقُولُ اِلاّ حَقّاً**. از قدیم گفته‌اند: اگر مردم مزاح و خوش‌طبعی نکنند، انگار در زندان‌اند. **النّاسُ فی سجن ما لم یتمازَحُو**.

شخصیت خندستانی هم برآیند سرشت کلی مردم است و هم ساخته‌پرداختهٔ ذوق و ظرافت آن‌ها. در نظر بگیرید اگر قرار بود حقیقت

از طریق آثار رسمی، یعنی آنچه در حول و حوش قدرت حاکمان شکل می‌گرفت یا به سفارش آن‌ها فراهم می‌شد، پذیرفته شود، آن‌گاه جهان جای غیرقابل تحملی می‌شد. در تواریخ رسمی و در مدایحی که همهٔ ما می‌شناسیم، اغلب با یک روایت غلوشده، مجعول و بازسازی‌شده روبه‌رو هستیم. وقتی چهل و نه شهر قفقاز در دوران قاجار از چنگ ایران خارج شد، تاریخ‌نویسان از آن به عنوان «مختصر چشم‌زخم» تعبیر کردند. یا در مدیحه‌ها گفته می‌شود که در سایهٔ «عدل» فلان حاکم شیر و میش باهم آب می‌خورند. حال اگر این قصه‌های خندستانی نبود، تفسیر و تعبیر از حقیقت دگرگونه می‌شد و واقعیت‌های دستکاری‌شده به کرسی می‌نشست. امروزه به یمن این قصه‌های آمیخته به ذوق و ظرافتِ مردم ستم‌کشیده است که ما می‌توانیم حقیقت زندگی مردم عادی و بینشِ آن‌ها را از امور کشف کنیم. اکنون می‌دانیم که این مسخرگان و خوش‌طبعان نه احمق بوده‌اند و نه ریگی به کفش داشته‌اند. اغلب سازندگان این قصه‌ها مردمانی حساس و لطیف‌طبع و نکته‌بین بوده‌اند که با دیدن پریشانی و نابهنجاری اجتماع، ضعف اخلاقی حاکمان و ریا و دروغ علمای دین متأثر می‌شدند و این تأثر را در قالب هزل و داستان‌های بذله‌آمیز بیان می‌کردند. برای همگان روشن است که مردم عادی به سخنان پیچیدهٔ فلسفی و استدلال‌های حکمت‌آمیز چندان روی خوش نشان نمی‌دهند. سنائی می‌گوید: «هزل من هزل نیست تعلیم است.» اینکه هم سنائی و هم مولوی تأکید می‌کنند که هزل آن‌ها به تعبیری همان جدّ است باید حرفشان را جدّی بگیریم. با شاعر نامی، عبدالرحمن جامی، همداستان شویم که می‌گوید: «خنده آیین خردمندان است.»

خنده بخش جدایی‌ناپذیر از زندگی بشر را تشکیل می‌دهد. در اخبار و احادیث آمده است که رسول خدا(ص) فرموده‌اند: «در آن کسی

که طربناک نمی‌شود خیری نیست.» یا نقل می‌شود که گفته‌اند: «کل کریم طروب»؛ یعنی هر کریمی طربناک می‌شود.

به‌هرحال، خنده ناملایمات زندگی را قابل تحمل می‌کند، توان مقابله با مشکلات را افزایش می‌دهد، روحیه‌ها را بالا می‌برد و جامعه را از تنش و تلاطم و عصبانیت تخلیه می‌کند و امکان می‌دهد که انسان‌ها به آسودگی در جوار هم زندگی کنند؛ از دشمنی‌ها می‌کاهد و باعث می‌شود انسان‌ها نظر خوش و مثبت به همدیگر داشته باشند. از این طریق سلامت روانی جامعه تأمین می‌شود.

*

فضای قصه‌های خندستانی از قوانین حاکم بر رؤیا متأثر است و از همان قوانین پیروی می‌کند. در رؤیا امکان وقوع هر حادثه‌ای می‌رود، زمان‌ها در هم می‌ریزد و مکان‌ها به هم می‌آمیزد. زمان به زمین دوخته می‌شود و ریسمان به آسمان. ساخت رؤیا بی در و پیکر است، مع‌هذا گرته‌ای از واقعیت مبنای آن می‌شود تا رؤیابین بتواند آن را واقعیت بپندارد. در آثار مضحک قلمی (انیمیشن) نیز همین قوانین، یا درست‌تر، بی‌قانونی احکام زمینی حاکم است. در پی، دو مورد از نوادر خندستانی را برای شما برچین می‌کنیم تا گواهی بر مدعای ما باشند.[۷۸]

الف)در شب مهتابی نگاه به چاه کرد، دید ماه در چاه افتاده. زنش را صدا زد و گفت ماه در چاه افتاده باید نجاتش داد. قلابی را به ریسمان بست و در چاه انداخت. از قضا سرِ قلاب به سنگی بند شد. هرچه قوّت کرد نتوانست. زور زد و زور زد تا عاقبت ریسمان پاره شد. جُحا از پشت محکم به زمین افتاد. تازه چشمش به ماه افتاد که در آسمان

۷۸. حکایت الف با عنوان «نجات دادن مهتاب» هم در نوادر خوجه نصرالدّین و هم در مطایبات ملانصرالدّین آمده است (نک: **احمد مجاهد**، **همان**، ص ۲۲۰)؛ حکایت ب با عنوان «جُحا و غربال» هم در **نوادر خوجه نصرالدّین** و هم **مطایبات ملانصرالدّین** آمده است (نک: همان، ص ۲۲۳).

است. به زنش گفت اگرچه من صدمه دیدم، ولی شکر خدا این بیچاره را از قعر چاه نجات دادم.

ب) وقتی وارد خانه شد، غربالی بر سر راه افتاده بود. پا بر کنارهٔ آن گذاشت. طرف دیگر غربال محکم به ساق پایش خورد. داد او درآمد. از غیظ غربال را برداشت و محکم به زمین کوبید. غربال برجست و محکم به پیشانی او خورد و پیشانی شکست. فریادش بلند شد. زنش را صدا زد که بیا مرا از دست این غربال قلدر نجات بده.

می‌بینید که در هر دو این نادره‌ها احکام مضحک قلمی جریان دارد. این حادثه‌ها می‌توانند هم برای تام و جری یا باگزبانی رخ دهند و هم برای کمدین‌هایی نظیر چارلی چاپلین و هارولد لوید و اسباب خنده و فرح تماشاگر شوند.

کتابنامه

ابومحمّد قاسم بن محمّد بن عثمان حریری بصری. **مقامات حریری** (ترجمهٔ فارسی)، پژوهش علی رواقی، تهران: مؤسسهٔ فرهنگی شهید محمّد رواقی، ۱۳۶۵.

حمیدالدّین ابوبکر عمر بن محمودی بلخی. **مقامات حمیدی**، به تصحیح رضا انزابی‌نژاد، تهران: مرکز نشر دانشگاهی، ۱۳۶۵.

ذکاوتی قراگزلو، علی‌رضا. **بدیع‌الزمان همدانی و مقامات‌نویسی**، تهران: اطلاعات، ۱۳۶۴.

راغب اصفهانی. **نوادر**]ترجمهٔ مُحاضرات‌الأدباء و مُحاورات‌الشعراء والبُلَغاء[، ترجمه و تألیف محمدصالح قزوینی، به اهتمام احمد مجاهد، تهران: سروش، ۱۳۷۱.

شمس‌الدّین محمّد تبریزی. **مقالات شمس تبریزی**، تصحیح و تعلیق محمّدعلی مُوحّد، تهران: خوارزمی، ۱۳۶۹.

متز، آدام. **تاریخ تمدن اسلامی در قرن چهارم هجری**، ترجمهٔ علی‌رضا ذکاوتی قراگزلو، تهران: امیرکبیر، ۱۳۶۲.

مجاهد، احمد (تحقیق، ترجمه و تألیف). **جوحی**، تهران: انتشارات دانشگاه تهران، بهار ۱۳۸۳.

محمد بن منور، **اسرارالتوحید**، تهران: آگاه، ۱۳۶۶.

مقامات حریری (ترجمهٔ کهن)، به اهتمام علاءالدّین افتخار جوادی، بی‌نا، ۱۳۶۳.

مولانا فخرالدّین علی صفی. **لطائف‌الطوائف**، به سعی و اهتمام احمد گلچین‌معانی، تهران: اقبال، ۱۳۶۲.

یوشیج، نیما. مجموعه اشعار نیما یوشیج، تهران: نگاه، ۱۳۷۰.

به سوی نمایشِ آیینی ایرانی

۱.تئاتر یک پدیدهٔ یونانی است. نمایشی آیینی است که بر بنیاد باورداشت‌های قوم یونانی و هستی‌شناسی اساطیری آن‌ها که مبتنی بر ستایش ارباب انواع است شکل گرفته. تئاتر نقش تزکیه و تعالی روح مخاطبانش را داشت. این هستی‌شناسی اسطوره‌ای همواره در تضاد و تعارض با باورداشت‌های قوم ایرانی بوده است. تاریخ کهن روابط دو قوم ایرانی و یونانی درآمیخته با جنگ و جدال‌های دائمی بوده است. آتش این کشمکش‌ها را باورهای مذهبی دو قوم تیزتر می‌کرد. جهان نیز بین این دو قطب نیرومند تقسیم می‌شد. اگر یونانیان به قوم ایرانی لقب زنندهٔ «بربرها» را داده بودند، ایرانیان نیز آن‌ها را «انیران» می‌خواندند. و «انیران» با کمی مسامحه همانا «نانجیب» معنی می‌دهد.

۲.روشنفکران ایرانی، هم در پیش از اسلام و هم در بعد از اسلامی شدن جامعهٔ ایرانی، به این تعارض‌های ناشی از دید و دریافت و به حساسیت‌های ناشی از آن کاملاً آگاه بوده‌اند. فرهنگ زردشتی‌گری بر مبنای اعتقادی دوگرایانه شکل می‌گرفت که درنهایت به وحدتی

اهورایی می‌انجامید. در باورِ اسلامی، قومی که پشتوانه‌ای این‌چنینی داشت، اعتقاد به عالم غیب و مشیت یزدانی مانع جدی در پذیرفتن تفکر یونانی‌گری بود. «بوطیقا»ی ارسطو هیچ تأثیری در جهان شعر فارسی نگذاشت که بنیادهای اعتقادی آن یکسره از قومی مستقل‌اندیش می‌آمد و بر این بنیادها سرسپردگی داشت. هنگامی که فردوسی از «گردش روزگار» سخن می‌گوید یا از «مکافات بد را بدی خواست بود» می‌گوید یا از «دگر شدن گیتی» یاد می‌کند، مقولهٔ درام را با هستی‌شناسی ایرانی پیوند می‌زند. وقتی بیهقی دبیر در پایان هر واقعهٔ دردناکی می‌گوید «و قضا کار خویش بکرد»، به نقش عالم غیب و مشیت ایزدی نظر دارد. چنین باورداشتی طبعاً راه به تئاتر یونانی نمی‌داد و کاملاً در تعارض و تقابل با آن بود.

۳.اما نمایش یک پدیدهٔ انسانی است؛ منحصر به قوم خاصی نیست. تجلّی نمایش را در همهٔ وجوهِ فرهنگی ایرانی می‌بینیم. صحنه‌پردازی در آثار داستانی قدمایی، خواه منظوم خواه منثور، بروزِ حسِ نمایشی کردن فضاست. استادان داستان‌پرداز ایرانی قریحهٔ خود را در این زمینه به‌وفور آزموده‌اند. حتی در عرصهٔ غزل، که ظاهراً با این مقوله بیگانه می‌نماید، میدان تخیل را با عنصر نمایش وسعت داده‌اند و برجسته کرده‌اند. وقتی سعدی می‌گوید:

گویند چه خوش باشد سروی به لب جویی
آن‌ها که ندیدستند سروی به لب بامی

عنصر نمایش را در کار خود دخیل کرده است تا چیزی ناملموس و نادیدنی را برای شما ملموس و دیدنی کند. عنصر نمایش بیش از همه در ساختار زبان فارسی، در ترکیبات کارواژه‌ای آن، خود را نشان داده است.

۴.گرته‌برداری ما از فرهنگ غربی در دویست سالهٔ اخیر نشان

می‌دهد که کم و بیش در همهٔ زمینه‌ها گز نکرده بریده‌ایم. لاجرم جامه تنگ و تُرش و ناساز از کار درآمده است. زمانی که محمّد حجازی برای ادامهٔ تحصیل در اروپا به سر می‌بُرد، پروست جهان داستانی خود، «پی روزگار رفته» را [که مهم‌ترین دستاورد داستانی قرن بیستم قلمداد می‌شود] روی کاغذ پیاده کرده بود. اگر رمان «زیبا»ی حجازی را حاصل آشنایی او با مقولهٔ رمان غربی بدانیم، این آشنایی بسیار سطحی و بسیار رقت‌انگیز است. حتی نمی‌تواند الگو و نمونه‌ای برای آثار بعد از خود قرار گیرد، چونکه ساختار ناتمام و ناقصی دارد. دربارهٔ تئاتر شاید وضع از این هم رقت‌بارتر باشد، زیرا تئاتر، برخلاف رمان، به سرمایه‌گذاری و به مشارکت «یک عده» متکی است. طبعاً آزادی عمل کمتر از رمان برای هنرمند باقی می‌گذارد. متأسفانه از دل کوشش‌های رضا کمال شهرزاد، و نه از درخشش‌های گهگاهی ناشی از تقلید اپرت‌های قفقازی، نمی‌شد امید به تئاتر ایرانی بست. آیا هیچ تزکیه و تعالی روحی در این تئاترها رخ داده است؟

۵.حال آنکه فرهنگ ایرانی، هم در پیش از اسلام و هم در پس از اسلام، جز به بیداری روان‌های مخاطبانش نمی‌اندیشد. و اگر ما امروزه به شعر بعد از سنائی کیفیاتی را نسبت می‌دهیم که از آن به «عرفان» نام برده می‌شود، کاملاً در حق استادان پیش از او جفا به خرج داده‌ایم. چگونه می‌توان رودکی را از این مقوله جدا انگاشت؟ چگونه می‌توان فردوسی را از این مقوله دور نگه داشت؟ چگونه می‌توان ناصرخسرو و یا حتی بیهقی دبیر را از این دایره بیرون گذاشت؟ روح ایرانی درآمیخته با این عنصر است: شناخت خداوند. کشف عامل عشق، البته، بر آن رنگی زده است که آن را کاملاً جنبهٔ یگانه‌ای داده است.

۶.کشف چنین هویتی را ما نمایش آیینی می‌خوانیم و عامل این

کشف، یعنی بازیگر، را شخص آیینی‌شده می‌دانیم. چنین شخصی است که می‌تواند مشارکت در آیین و یگانه شدن با فضای آیینی را برای مخاطب فراهم کند. آن تزکیه و تعالی روح در چنین صورتی امکان‌پذیر است.

۷. بازیگری در مفهوم آیینی آن یعنی فراتر رفتن از قواعد حاکم بر زندگی روزمره، یعنی فرا رفتن از حرکات و سکنات قراردادی که تبدیل به یک سلسله اعمال غیرارادی و غیرهشیارانه و درنتیجه تهی از معنی شده است. بازیگری واقعی یعنی تنفس آگاهانهٔ هر لحظه و هر آن. نیرویی که از این طریق در بازیگر آزاد می‌شود به او کمک می‌کند تا با نقش خود یکی شود. این نیروی متراکم آیینی مخاطب او را نیز در خلسه‌ای هشیارانه می‌کشد و او را با نقش هم‌هویت می‌کند. در این حالت، بازیگر ایفای نقش نمی‌کند، او خود نقش است. آگاه زیستن در حضور خداوند است. درنتیجه بازیگری حرفه نیست، فریضه‌ای مقدّس است.

۸. به باور مسلمانان، در روز واقعه، رستاخیز، اعضای بدن یکایک شهادت به اعمال می‌دهند. این به معنای آن است که اعمال شما در بدن شما ذخیره می‌شود. این را عرفای صاحب‌دل به «نقوش اعمال» نام می‌بردند. هیچ عملی، هر قدر جزئی، محو نمی‌شود؛ هیچ فراموشی در کار نخواهد بود. شما خود شاهد خود خواهید بود. کسانی که با ریاضت به تزکیه نفس و تصفیهٔ بدنی پرداخته‌اند این را به تجربه دریافته‌اند و به تأکید به شما گوشزد می‌کنند. تمرینات و ریاضت‌های جهشی و کششی و ورزش‌های جسمی هدایت‌شدهٔ هشیارانه به بازیگر آیینی کمک می‌کند که از حرکات ناآگاهانهٔ غیرارادی به حرکات آگاهانهٔ ارادی برسد. از این طریق بازیگر موفق می‌شود رسوب و نقوش اعمال غیرارادی و ناآگاهانهٔ گذشته را از بدنش پاک کند. این همان پالایش نفس است، تصفیهٔ دل و جان.

۹.با پاک شدن نقوش اعمال و پالایش جسم و جان، لطیفهٔ وجود سر برمی‌دارد. کشف این لطیفه به بازیگر کمک می‌کند که در احضار نیروهای باطنی‌اش موفق باشد. این نیرو را هزاران سال است که بشر می‌شناسد. قرن‌هاست که ایرانیان با آن آشنا هستند. فرّهٔ ایزدی نام دیگر آن است. این فرّ یک هستی مینوی است؛ یک نیروی کیهانی که موهبتی ایزدی به شمار می‌رود و به مردمان می‌رسد. حضور شعشعانی و منبع کرامت ملوک و انبیا و اولیاست. و هر آفریده‌ای بهره‌ای از آن دارد. امروزه که ما از منابع فرهنگی خود دور افتاده‌ایم و از بیگانه تمنای کلام می‌کنیم آن را به نیروی «کندالینی» می‌شناسیم. قوه‌ای چنبری که در راستای تیرهٔ پشت جا دارد. نام آن هر چه باشد، خداوند آن را در همه به ودیعه نهاده است. این لطیفهٔ وجود از طریق ممارست بیدار می‌شود و به بازیگر کمک می‌کند تا وجود خود را بپالاید.

۱۰.در فتوت‌نامه‌های کهن جنبه‌هایی از این آموزش آیینی را بازمی‌یابیم. فروتنی و تواضع هنرمند مجالی فراهم می‌آورد تا خصلت‌های آیینی در وجود او حضور زنده و فعال پیدا کند. و این به دست نمی‌آید مگر آنکه جان بازیگر در پیوند با قدسی قرار گیرد. این را حلول شخصیت در جسم و جان بازیگر قلمداد می‌کنیم. در سماع آیینی آفرینش و ستایش باروری زمین و موهبت‌های آمده از سوی خداوند که در حوزهٔ خراسان هنوز زنده است ما نحوه و نمودِ این تجلّی را به عیان می‌بینیم.

۱۱.آموزش بازیگر آیینی یک مقولهٔ خلق‌الساعه نیست. آموزش بازیگر آیینی آموزش قراردادی و منفصل و متفرق امروزی نیست. در عین حال، با روحیهٔ کارمندی نیز میسّر نمی‌شود. آموزش بازیگر آیینی یک امر مداوم، بی‌وقفه و شبانه‌روزی است. کسانی که در این آموزش

شرکت می‌کنند باید دارای روحیهٔ آیینی باشند. این آموزش به قصد گرفتن «مدرک معتبر» یا راه یافتن به بازار کار نیست. آنان که در فکر «آتیه» هستند یا اهل کسب و کارند از این دوره‌ها طرفی نخواهند بست، زیرا این دوره‌ها هدفش بیداری است. حرکات ورزشی، نرمش‌های بدنی، یوگا، بیومکانیک، حرکات جهشی همه و همه در جهت هشیاری آموزش‌گیرنده است. از این طریق است که بازیگر سرشت باطنی خود را کشف می‌کند. این ورزش‌ها هدف نیست، وسیله است.

۱۲. از حضرت صادق(ع) حدیثی نبوی نقل می‌کنند: روزی از حضرت پرسیدند ای پیغمبر خدا دانایی چیست؟ فرمود ساکت بودن؛ پرسیدند پس از آن چیست؟ فرمود گوش دادن. آموزش بازیگری بر همین سیاق باید پیاده شود. در سکوت است که بازیگر به کشف می‌رسد؛ در گوش دادن به درون است که بازیگر ماهیت باطنی خود را درمی‌یابد. طبعاً چنین دانشی با اغراض دنیوی سازگار نیست. بازیگری نوعی ازخودگذشتگی و فداکاری می‌طلبد. این اصل باید معیاری برای هر انتخابی باشد.

Opportunity Of The Sigh

By

Dr. Esmaeel Bani Ardalan

2015